河北省省级科技计划软科学研究专项资助课题研究成果

项目编号：22557615D

新发展阶段京津冀科技金融体系协同建设研究

XINFAZHAN JIEDUAN JINGJINJI KEJI JINRONG TIXI XIETONG JIANSHE YANJIU

许平彩 周兴荣 陈丽芹 著

中国财经出版传媒集团
中国财政经济出版社
北京

图书在版编目（CIP）数据

新发展阶段京津冀科技金融体系协同建设研究 / 许平彩，周兴荣，陈丽芹著. -- 北京：中国财政经济出版社，2024.4

ISBN 978-7-5223-3064-8

Ⅰ.①新… Ⅱ.①许…②周…③陈… Ⅲ.①科学技术—金融—经济发展—研究—华北地区 Ⅳ.①F832.72

中国国家版本馆CIP数据核字（2024）第074526号

责任编辑：陈志伟　　　　　　　责任印制：史大鹏
封面设计：卜建辰　　　　　　　责任校对：胡永立

新发展阶段京津冀科技金融体系协同建设研究
XINFAZHAN JIEDUAN JINGJINJI KEJI JINRONG TIXI XIETONG JIANSHE YANJIU

中国财政经济出版社 出版

URL：http://www.cfeph.cn

E-mail：cfeph@cfeph.cn

（版权所有　翻印必究）

社址：北京市海淀区阜成路甲28号　邮政编码：100142
营销中心电话：010-88191522
天猫网店：中国财政经济出版社旗舰店
网址：https://zgczjjcbs.tmall.com
中煤（北京）印务有限公司印刷　各地新华书店经销
成品尺寸：170mm×240mm　16开　15印张　233 000字
2024年4月第1版　2024年4月北京第1次印刷
定价：78.00元
ISBN 978-7-5223-3064-8
（图书出现印装问题，本社负责调换，电话：010-88190548）
本社图书质量投诉电话：010-88190744
打击盗版举报热线：010-88191661　QQ：2242791300

前言 PREFACE

科技与金融深度融合是经济转型升级、实现创新驱动和高质量发展的重要力量源泉，以金融推动科技创新已成为国际新常态，提高科技创新能力和完善其配套的金融服务必须齐头并进。要实现科技创新和科技成果产业化，离不开金融资本的支持，为了使科技和金融能够深入融合，科技金融体系应运而生，可以说，科技金融体系是推动国家和地区科技创新和科技成果产业化的强劲动力。

党的十九届五中全会通过的《中共中央关于制定国民经济和社会发展第十四个五年规划和二〇三五年远景目标的建议》指出，要完善金融支持创新体系，促进新技术产业化规模化应用。其目的在于推动构建全方位、多层次、多渠道科技金融体系，更好地支持科技成果转化、企业关键技术研发和科技型中小企业发展壮大。

在 2020 年 8 月召开的经济社会领域专家座谈会上，习近平总书记指出，"十四五"时期是我国全面建成小康社会、实现第一个百年奋斗目标之后，乘势而上开启全面建设社会主义现代化新征程、向第二个百年奋斗目标进军的第一个五年，我国将进入新发展阶段。

京津冀地区作为我国重要的经济增长极之一，面临人口大量聚集、资源环境压力大、经济结构亟待优化等挑战，为解决这些问题，中共中央、国务院提出了京津冀协同发展战略，以促进区域协调发展，推动京津冀地区实现高质量发展。科技金融作为京津冀协同发展战略的重要支撑和驱动力，对于实现高质量发展具有不可代替的作用。

目前京津冀科技金融的发展不均衡，合作机制尚不够完善，在一定程度上制约了新发展阶段京津冀地区经济发展的速度。站在新发展阶段的开端，为实现京津冀地区的高质量发展，实现我国新发展阶段的宏伟目标，研究京津冀科技金融体系协同建设具有重要的现实意义。我们对北京、天津、河北三地科技金融的建设情况进行了深入调研，梳理国内、国外科技金融与区域创新的先进经验，实证检验和比较了京津冀、长三江、珠三角以及成渝商圈的科技金融与创新效率差异，在此基础上提出了京津冀科技金融体系协同发展的建议路径。

  本书立足于新发展阶段京津冀科技金融体系协同建设，面向京津冀相关政策制定部门与人员，以期对制定科技金融政策、开展科技金融相关工作提供参考与支持。

  本书由许平彩、周兴荣、陈丽芹执笔，项目组杨宝清博士、李晓倩博士以及研究生徐晓轩提供了大力支持，杨宝清参与第二章、徐晓轩参与第四章、李晓倩参与第五章和第六章初稿的撰写工作，在此深表感谢！

  由于能力和水平所限，我们对新发展阶段京津冀科技金融体系的协同建设的理解仅为一家之言、一管之见，难免有疏漏和不妥之处，恳请业界专家和读者批评指正。

编者
2023 年 12 月 3 日

CONTENTS 目 录

第1章 科技金融概述   01
- 第1节 科技金融的概念   02
- 第2节 科技金融的主体与模式   07
- 第3节 科技金融支持方式与企业生命周期   15

第2章 新发展阶段与科技金融发展历程   37
- 第1节 新发展阶段的概念   38
- 第2节 新发展阶段金融市场的特点与发展趋势   42
- 第3节 我国科技金融发展历程及趋势   56

第3章 京津冀协同发展战略   63
- 第1节 京津冀协同发展战略的提出及主要内容   64
- 第2节 京津冀协同发展战略实施进展与发展趋势   69

第4章 科技金融与区域创新效率   79
- 第1节 区域创新效率   80
- 第2节 全国科技金融与区域创新效率实证分析   89
- 第3节 京津冀科技金融与区域创新效率实证分析   99
- 第4节 其他热点区块科技金融与区域创新效率实证分析   108

第5章 京津冀近五年科技金融政策回顾与展望　　115

第1节　北京市科技金融政策回顾与展望　　116

第2节　天津市科技金融政策回顾与展望　　123

第3节　河北省科技金融政策回顾与展望　　131

第6章 京津冀科技金融体系协同路径　　141

第1节　京津冀科技金融协同发展的定位及现状　　142

第2节　长三角、珠三角科技金融体系协同发展的具体路径　　152

第3节　京津冀科技金融体系协同发展的具体路径　　157

附录 科技金融的国际经验　　197

第1节　科技园区　　198

第2节　创新基金　　204

第3节　风险投资　　210

第4节　科技信贷　　215

第5节　科技保险　　221

第6节　场外交易市场　　226

参考文献　　232

第 1 章
科技金融概述

第1节
科技金融的概念

一、科技金融的起源

（一）理论起源

科技金融最早起源于熊比特的开创性研究。熊彼特在《经济发展理论》一书中提出"技术创新是经济发展的中坚力量"，诠释了技术创新和经济增长之间的关系。熊彼特最早开始探讨技术创新跟经济发展之间的关系，发现了技术创新对经济发展的重要促进作用。在《技术革命与金融资本》一书中，佩蕾丝发现了金融资本与技术创新之间的经济范式，认为金融资本和技术创新两者共同作用，推动了产业变化、经济发展以及社会进步。新技术的快速崛起会使经济出现极大的不确定性，为攫取高额利润，风险资本向新技术产业快速聚集。金融资本与技术创新的紧密结合，导致金融资本的几何级数增长，技术创新也更加繁荣。人类社会中，每一次重大技术创新都会产生新的"技术——经济"范式，每次重大技术创新都有巨额的金融资本作为支撑，金融资本对技术革新起到了关键的支持作用。

（二）实践源头

改革开放后，政府开始出台支持科技发展的金融工具和政策，探索如何运用财政、金融手段来支持科技创新，推动经济加速度发展，这是我国科技金融的最早雏形。1985年，出现了第一笔科技贷款。1993年，深圳市科技局将"科技与金融"缩写为"科技金融"。1994年，"科技金融"作为正式概念第一次在中国科技金融促进会首届理事会被使用。

"科技金融"最初主要是指科技与金融的结合。《国家中长期科学和技术发展规划纲要（2006—2020年）》发布后，其配套政策也陆续开始实施。得到政策支持，科技与金融的融合速度加快，越来越多的学者开始关注科技金融方面的理论研究，科技金融开始进入学术研究的视野。

二、科技金融和科技金融体系的含义

（一）科技金融的内涵

科技金融进入学术研究范围的历史比较短，对于科技金融的含义还没有达成统一意见。四川大学的赵昌文教授和中国科技大学房汉廷教授对科技金融的内涵和本质分别进行了研究，两者的观点有一定差异。

四川大学赵昌文教授在其著作《科技金融》中指出：科技金融是促进科技开发、成果转化和高新技术产业发展的一系列金融工具、金融制度、金融政策与金融服务的系统性、创新性安排，是由向科学与技术创新活动提供融资资源的政府、企业、市场、社会中介机构等各种主体及其在科技创新融资过程中的行为活动共同组成的一个体系，是国家科技创新体系和金融体系的重要组成部分。[①]

对于科技金融的内涵，赵昌文教授认为可以从以下四个角度进行理解：第一，科技和金融的互动。科技创新对金融资本提出了需求，而金融业的发展也对科技创新的发展产生了需求。第二，科技对金融的需求。在技术研发、科研成果转化、科技企业的生产经营过程中，科技对金融工具、金融政策产生了需求，这里强调的是科技对金融的单方面需求。第三，科技金融是一个产业的概念。就如农村金融支持农业发展一样，支持科技产业发展的金融就定义为科技金融。第四，科技金融应当是包括广泛内容的开放式系统。[②]

赵昌文教授关于科技金融内涵的观点得到很多学者的赞同，但是也有部分学者持不同意见。中国科技大学房汉廷教授认为科技金融的本质应包含四个方

---

①② 李喜梅：《关于科技金融内涵的几点思考》，《湖南商学院学报》2014年2月28日。

面:(1)科技金融是一种创新活动,是科学知识和技术发明被企业家转化为商业活动的融资行为总和;(2)科技金融是一种"技术——经济"范式,即技术革命是新经济模式的引擎,金融是新经济模式的燃料,两者结合起来是新经济模式的动力所在;(3)科技金融是一种科学技术资本化过程,即科学技术被金融资本孵化成一种财富创造工具的过程;(4)科技金融是一种金融资本有机构成提高的过程,即同质化的金融资本通过科学技术异质化的配置,获取高附加值回报的过程。房汉廷的观点是,科技金融应当是技术资本、创新资本、社会资本、企业家资本等的有机结合,从而形成新的经济发展路径,促进高附加值产业的发展,提高国家的经济实力。[1]

本书研究科技金融体系协同建设问题,侧重于探索金融如何支持科技产业发展,这类似于赵昌文提到的第三个角度,也就是把科技金融作为一个类似产业的概念来看,探讨在科技产业中如何有效进行金融资源优化配置,这既包括商业化的市场行为,也包括政府的引导和支持。科技金融进行金融资源的优化配置,利用科技与金融紧密结合的一系列措施,促进科技创新,推动科技产业发展。在这个过程中,一方面科技产业的技术创新得到金融支持;另一方面,金融资本在支持科技产业发展的过程中也获得可观的投资回报。

(二)科技金融体系的概念

关于科技金融体系的概念,国内外学者对此进行了广泛的探索。

国外学者肯和列维恩(King、Levine,1993)指出,金融体系与技术创新的结合是经济增长的最主要原因,通过内生性增长模型揭示出金融体系为技术创新提供了四种服务,分别是筹集资金、分散风险、企业家评估和技术创新活动预期收益评估。[2]

国内学者杨刚(2005)从多层次资本市场、中介机构以及政府监管等角度来研究科技和金融相结合的支撑体系。肖泽磊、韩顺法等(2009)认为科技金融创新体系作为科技金融建设的支撑,要从运作机制、构成主体、风险防

---

[1] 杨扬:《科技型中小企业融资困境破解对策》,《中国经贸导刊》2011年1月10日。
[2] 宁晓林、张德环:《科技金融内涵、金融成长周期与科技金融体系研究》,《北京财贸职业学院学报》2017年6月20日。

范等几个方面关注科技金融创新体系建设。张玉喜、赵丽丽（2015）参考赵昌文教授关于科技金融的观点，认为科技金融支持体系应当包括政府、企业、金融机构、中介机构四类，并通过投入主体不同的投入方式来研究对技术创新的影响。

本书在以上文献基础上，参照赵昌文的观点，认为科技金融体系是应当包括政府、科技型企业、金融机构、中介机构、资本市场等科技金融主体，以及其为科技研发、成果转化、科技产业发展而进行的融资支持活动，包括相关政策、金融工具、制度安排与服务等。

三、科技金融的特征

部分学者对科技金融的特征进行了研究，参考国内外学者的观点，结合我国科技金融的实践，与科技金融本质属性有关的特征包括以下三个方面。

（一）综合性

作为创新体系以及金融体系的重要组成部分，科技金融具有综合性的特点。综合性的特征表现为科技金融政策、工具的多样性以及参与主体的广泛性。

科技金融政策、工具丰富多样，包括以下三种：一是以财政科技投入、财政补贴、税收政策为主的支持性政策；二是金融产品和服务的多样性，包括商业贷款、债券、科技信贷、科技保险等；三是包括天使投资、风险投资、多层次资本市场等在内的股权投融资渠道。通过这些金融政策与工具，金融资本与科技创新紧密结合，推动我国经济的高质量发展。

科技金融的参与主体非常广泛。科技金融供给方包括政府、金融机构、风险投资专业机构、多层次资本市场、保险机构等，而科技金融的需求主体包括科技型企业、高等院校、科研机构等。为实现社会全要素生产率的全面提升，作为衔接科技金融供需主体的桥梁，金融中介机构的任务是协调供给主体与需求主体的投融资要求，实现资源的有效配置。

(二) 内生性

熊彼特早期的创新理论研究了技术创新和经济增长之间的关系，指出"技术创新是经济发展的中坚力量"。而佩蕾丝认为金融资本与技术创新共同发挥作用，从而促进了产业变化以及社会变革，发现了技术创新和金融资本之间的经济范式。这些理论说明，创新经济的发展过程中，技术创新必然会与金融资本相结合，科技金融的产生具有内生性。技术创新和金融资本相互结合、相互作用，从而促进了两者的共同进步以及经济的高速发展。

(三) 风险性

科技产业与传统产业的差异性决定了科技金融与生俱来的风险性特征。首先，技术研发具有很大的风险性，大额的研发投入不一定能够成功。一旦研发失败，高额的投资就成为沉没成本。其次，研发成果的转化也存在很大的不确定性，有时研发成果在向产品转化时遇到较大的困难，难以转化成功。再次，新技术的出现和迭代加速度增长，也可能使研发成功的技术急剧贬值。最后，由于科技产品的研发具有创新的特点，创新产品在推向市场后也存在很大的不确定性。产品是否能被市场接受、接受时间的长短等都存在风险。科技型企业有形资产与无形资产并存，往往以无形资产为主。科技产业的高创新性、高难度等特点决定了它在每一阶段的风险性高于传统产业，这些风险也使科技金融具有风险性的特征。

科技金融是科技与金融结合的创新活动，在金融与科技产业融合发展的过程中，金融资本的作用受到科技产业特点的影响可能会发生偏差，从而影响金融资本支持技术创新的效果，也影响金融资本的投资回报。同时，在科技与金融结合日益紧密的趋势下，金融工具的创新层出不穷，创新金融工具可能会与科技产业的创新活动不匹配，从而产生难以预料的风险。

第2节
科技金融的主体与模式

一、科技金融主体

科技金融主体,是指科技金融的参与主体。随着科技与金融结合的程度日益加深,科技金融的参与主体越来越广泛。科技金融主体一般包括政府及有关部门、科技型企业、金融机构、中介机构以及资本市场五部分。另外,从交易性质来看,科技金融主体又可以划分为供给主体和需求主体。科技型企业是主要的需求主体,而供给主体包括金融机构、政府等。连接供给和需求双方的则是金融中介机构。

(一)政府及有关部门

政府及有关部门对技术创新的扶持,主要依靠政策推动的科技投入。政府作为科技金融供给主体有其特殊属性,虽然不是金融机构,但可以为科技金融的需求主体进行重要的金融支持。政府各种方式的财政投入和金融支持是科技型企业在初创阶段的重要资金来源。科技型企业在初创阶段,自身力量十分薄弱,风险高,不易获得银行等金融机构的资金。

在我国,政府及有关部门主要通过两种方式为科技金融主体提供支持,分别是传统财政扶持和政策性金融支持。传统财政扶持是指政府直接通过财政拨款,为科技活动所提供的资金,主要包括科学事业经费、基础设施建设费和其他科研经费,还包括各级财政部门对科学研究的直接投资。政策性金融支持是创新型的财政扶持方式,包括财政贴息、税收优惠、贷款担保,还包括科技型中小企业技术创新基金、孵化基金、政府引导基金、科技成果转化引导基金等途径。

（二）科技型企业

1.科技型企业的界定

科技型企业，也被称为高科技企业或者高新技术企业，这类企业的产品技术含量高、核心竞争力强，且能够不断推出新产品。科技型企业一般分布在新材料、新能源、生物、医药、电子信息等领域。

2016年1月，科技部、财政部、国家税务总局印发《高新技术企业认定管理办法》，该办法明确规定了高新技术企业的认定标准：

（1）企业申请高新技术企业时须注册成立一年以上。

（2）具有核心支持作用的知识产权的所有权。

（3）企业的核心技术属于《国家重点支持的高新技术领域》规定的范围。

（4）企业从事研发的科技人员的数量不低于当年职工总数的10%。

（5）当企业年销售收入小于5 000万元时，近三年研究开发费用总额占同期销售收入总额的比例不低于5%；当年销售收入在5 000万元至2亿元时，不低于4%；当年销售收入在2亿元以上时，不低于3%；企业境内产生的研发费用不低于研发费用总额的60%。

（6）近一年高新技术产品（服务）收入不低于总收入的60%。

（7）创新能力达到相应要求。

西方国家对科技型企业的认定跟我国有类似之处，主要是看企业的研究开发情况、研发人员占总员工的比例等。

通过对相关政策的分析并结合实际，我们认为科技型企业可以从以下方面进行判断：企业是否由科研人员创办；是否具备一定比例的高学历研发人员；企业是否主要从事科技产品的研发、生产和销售；企业是否具备知识密集、人才密集的特点。随着科技进步和社会发展，科技型企业的判断标准有可能在未来发生变化。

2. 科技型企业的特性

（1）高投入。

从技术研发到成果转化再到产品推广，每一环节都需要大量的资金投入，尤其是研究开发经费的投入。一般情况下，科技型企业的创建成本是传统企业的10倍到20倍，因此，科技型企业是人才密集、知识密集、高端设备密集的一类企业。

科技型企业的发展需要持续的技术创新来推动，因此创新方面要求持续大量的资金投入，尤其是研发投入和优质人才投入。例如，进行技术研发，需要资金购买设备和材料；研发新产品、新项目，以及产品的更新迭代需要持续不断的资金支持。这些资金投入中，有一部分没有形成最终产品，变成了沉没成本；另外一部分则形成或增加了产品的价值。因此，企业的资金充足程度对于维持企业生产与发展都至关重要。同时，企业的技术创新需要大量高层次的研究与技术人才，这是保持企业创新能力的关键要素。在创新链的各个环节中，都需要高层次的人才参与。充足的资金支持是保持以及培养高层次的研究和技术人才的基本条件。

（2）高创新。

科技型企业主要从事高技术产品的研发、生产和销售，而高技术产品的特点是知识密集。因此，科技型企业必须具备强大的技术创新能力。科技型企业经营业务以高科技产品为主，研发费用的投入、研发人员占员工总数的比例都很高。与传统制造企业比较，技术创新是科技型企业的核心，是科技型企业的显著特征，主要表现为企业的产品研发创新多、企业的经营产品技术水平高、产品附加值高。要保持科技型企业的核心竞争力，就要求企业不断地进行技术创新。

（3）高成长。

科技型企业的研究开发投入很高，但项目一旦取得成功，新产品可能会在短时间内被市场接受从而快速占领市场，让竞争者来不及仿造从而产生威胁。当初的投入可能带来非常可观的收入与利润，使企业实现快速增值。因此，科技型企业的发展具有跳跃性的特点，发展速度可以不受传统产业发展规律的制约，成功的科技型企业可以在5年到10年的发展中，实现几十倍甚至几百倍的收益、资产规模增长。科技型企业的高速成长源于产品服务的高技术性带来的高竞争力。通过技术创新和产品创新，科技型企业有可能独占市场，削弱竞争者，以超常规的速度实现规模增长和资本积累。

（4）高收益。

科技型企业从事的是创新活动，包括技术创新、产品创新、流程创新等，因此，能大幅度提高产品的附加价值，提高劳动生产率、资源使用率。尤其是当企业具有某种独占技术时，一旦该产品占领市场，将垄断技术、产品和市场，带来丰厚的回报，这是传统的企业无法比拟的。因此，虽然科技型企业的创新活动成功率比较低，但是一旦成功，回报有可能是投入的数十倍或数百倍，呈现高收益的特点。

（5）高风险。

科技型企业的风险主要体现在技术、市场、财务等方面。

①技术风险。我国科技型企业的研发费用投入比传统企业多出2—3倍，技术人员则多出3—4倍。技术研发具有不确定性，高投入不一定能带来研发的成功。如果创新失败，最初的投资就很可能变成沉没成本。由于技术水平微调、产品的大规模生产测试都很难准确预测时间，研发的周期很长，创新失败的风险很高。研发成果的转化也存在较大风险，研发成果有可能最终难以成功转化为产品。同时，新技术的产生也可能使现有技术快速贬值。

②市场风险。科技型企业的产品具有创新性，新产品在推向市场时存在很大的不确定性。新产品不一定能被市场接受，对新产品的接纳时间可能超出预期，产品竞争力、营销策划情况等都可能给企业造成市场风险。

③财务风险。很多科技型企业的资金主要来源于个人投资与银行贷款。如果企业的投入和产出不能匹配，产品收益率不及预期，其现金流就会不稳定，从而面临较大的财务风险。统计数字显示，我国科技型企业有一多半没有撑过最初的3年到5年，只有25%的企业能够生存发展，进入成熟阶段。科技型企业所需的研发等投入大，而高投入势必造成对资金的高度依赖，如果融资结构不合理，就会带来很大的财务风险。在融资前，科技型企业应合理规划融资方式和融资规模，使之符合企业的需求。

（三）金融机构

1. 银行

银行贷款是企业间接融资的主要形式，符合条件的科技型企业可以向银行申请商业贷款，银行还通过科技信贷为科技型企业提供资金支持。科技贷款是一种特殊的贷款形式，专门为科技型企业的技术创新量身设计，为科技型企业的各个发展阶段提供金融支持。科技信贷也可以为科学研究机构、高等院校等提供贷款资助，用于设备更新、技术升级和其他活动。科技信贷的供给方包括政策性银行、商业银行等。目前，我国企业的融资方式仍以间接融资为主，银行的信贷支持对我国科技型企业的发展具有十分重要的作用。

2. 风险投资机构

风险投资机构的作用是将资本投入高投入、高创新、高成长、高风险的科技型企业，目的是获取高收益。风险投资机构的做法是把资金投入高风险和高收益的项目中，把项目推向资本市场变现，以获取高额收益。用成功项目的高收益来补偿失败项目的损失，从而获得总体的高收益。

风险投资机构不仅能为科技型企业提供集中且长期的风险资本支持，还能给初创期科技型企业提供起步经营所需要的管理方面的指引。创业风险投资的参与性特征使其参与企业的经营管理过程中，为刚起步的科技型企业传授经验技巧、输送急需人才，为企业的发展提供建议，是初创期、发展期科技型企业的主要融资来源。风险投资常起始于企业的初创期、发展期，并结束于企业的成功上市、被收购、被回购等，是一个集中且长期的投融资过程，有利于科技型企业的稳定可持续发展。

3. 科技保险机构

科技保险机构主要围绕国家科技创新战略，服务对象是科技型企业及其相关产业链，提供针对性的风险保障服务。科技型企业在经营管理过程中，可能因为各种原因发生财产损失或者人身伤害，也有可能面临民事赔偿。科技型企业可以运用科技保险作为分散风险的手段，由科技保险机构给予赔偿或给付保险金，从而降低企业的重大风险。

4.其他科技金融机构

其他的科技金融组织还包括了小额信贷公司、信托公司等能够为高科技行业提供投融资和服务的金融机构。

（四）科技金融中介机构

科技金融中介机构可以为其他科技金融主体的金融服务提供更好的支撑。科技金融中介机构的功能包括提供担保、评估等服务。中介机构的类型包括信用评级机构、科技担保服务机构、科技金融服务平台、会计师事务所以及律师事务所等。科技金融中介机构在技术创新中起到桥梁作用，降低了信息不对称性，是科技金融体系中不可或缺的重要组成部分。

（五）资本市场

近年来，我国一直致力于建设多层次资本市场，中小板、创业板、新三板、科创板、北交所相继推出。与商业贷款不同，在资本市场中，各个参与主体共担风险、共享收益。资本市场在聚集创新所需金融资本、推动科技成果的转化、建立健全激励制度等方面有得天独厚的优势。目前，我国多层次资本市场已相对完善，各个子市场互补互联、适度竞争。我国目前的多层次资本市场，为不同阶段的科技型企业提供融资支持，为科技产业进行灵活、高效的融资服务。其中，创业板为"三创四新"企业服务，包括三大重点领域和九大战略性新兴产业。科创板服务于新信息、新能源、高端装备制造等领域的企业，以硬科技企业为主。在北交所，高新技术企业比重超过90%，专精特新"小巨人"企业比重超过40%，创新型中小企业是北交所的主要服务对象。

二、科技金融模式

根据自身情况以及发展特点，不同国家和地区逐渐形成了科技与金融的不同结合方式，建立了适合自身情况的科技金融模式。按照推动主体不同，不同国家和地区的科技金融模式可以归纳成四个类型：政府主导、资本主导、银行主导和社会主导型。

(一)政府主导型

政府主导型的主要特点是以政府直接干预的方式来进行科技金融的资源配置。这种科技金融模式属于政策性金融，充分利用了政府职能。政府在科技型企业融资过程中扮演了重要角色，并承担一定的投资风险。科技金融起步较晚，处于发展早期或者快速发展阶段的国家和地区适用这个模式。我国采取的是以政府为主导的科技金融模式。比如，广东省政府加大对科技型企业的扶持力度，与金融机构签署一系列合作协议，与金融机构进行深入的科技金融合作。郑州高新开发区则出台了一系列政策指引，鼓励金融机构加大支持科技型企业的力度，为风险补偿有贡献的金融机构发放补贴、奖励。

(二)资本主导型

资本主导型要求有良好的创业风险投资环境，资本市场发展比较成熟，有好的流动性。发达的债券市场、股票市场、创业投资市场，成熟的法律环境是必要的前提。采取资本为主导的科技金融发展模式的主要是欧美国家，英国和美国最为典型。美国市场化发展比较完善，科技金融体系完整且系统。美国拥有完善的多层次资本市场融资结构和大量的风险投资机构，发达的资本市场为科技型企业获取资金支持提供了坚实后盾。同时，美国完善相关立法来奠定中小企业的发展基础，对法律体系的建设十分重视。

(三)银行主导型

以银行为主导的科技金融模式下，银行在科技金融中发挥着重要作用，加强了银行和企业合作的紧密程度。银行主导下的模式主要发生在银行业比较发达的国家或地区，其中比较具有代表性的国家主要有德国和日本。借鉴美国风险投资先进经验，德国以及日本也建立起自身的风险投资市场，但科技金融的主导力量仍然是银行等金融机构。德国建立了两家政策性银行以支持科技型企业；日本拥有较为完善系统的保障体系，并在助力科技企业向银行借款的过程中建立了信用担保机制。

（四）社会主导型

社会主导型的科技金融模式主要依靠社会民间融资，采取这种模式的大都是经济体量比较小的国家或地区，相对比较少见。

不管是哪种主体主导下的科技金融模式，要想高效地运行都离不开市场的指引。有需求就会有供给，哪里资源配置效率高，资源就流向哪里。科技金融的参与主体都需要密切沟通协作，降低信息不对称造成的风险。同时，政府的监管也很重要，建立健全良好的法治环境才能有效降低系统性风险。

第3节
科技金融支持方式与企业生命周期

一、科技金融支持的方式

科技金融支持方式指的是金融资本如何支持科技产业发展，如何将金融资源高效配置到有需求的科技型企业中去。这种支持，包含商业化的市场行为，也可以是政府直接支持或政策引导支持。

由于不同国家和地区金融资源基础、科技资源、制度环境差异比较大，因此，促进科技与金融整合的推动力也有显著差别，从而形成了不同类型的科技金融发展模式。按照推动主体不同，不同国家和地区的科技金融模式可以归纳成四个类型：政府主导型、资本主导型、银行主导型和社会主导型。在欧美国家，金融机构与资本市场是科技型企业的主要融资渠道，走的是市场化，主要采取的是银行主导型模式、资本市场主导型模式，这也是科技金融的主流模式。包括我国在内的一些国家和地区采用的是政府主导型模式，政府通过财政拨款、贴息贷款、引导基金、信用担保等方式支持科技创新活动，在科技金融融资体系中发挥重要作用，担任着主要角色。

在四种科技金融模式下，政府的政策监管与服务体系建设都在科技金融体系中发挥着重要作用。通常来说，在科技金融体系构建初期及快速发展阶段，很可能采用政府主导型的科技金融模式。但随着科技金融的基础环境得到改善，会逐渐演变为市场主导型的科技金融模式。在科技金融体系的构建中，政府角色随着科技金融体系的发展而演变，但一直是整个科技金融体系中非常重要的组成部分。

在我国目前的发展阶段，政府支持在科技金融发展中的作用不容忽视。具体来说，我国科技金融支持体系的构成包括以下几个方面：直接融资、间接融资、政府财政投入与金融支持、综合保障，每个方面下又包含多个工具。

（一）直接融资

1. 股权融资

（1）内源融资。

内源融资是指企业经营活动结果产生的资金，主要由留存收益和折旧构成，是企业生存与发展不可或缺的重要组成部分。内源融资具有自主性、低成本和抗风险的特点。内源性融资来源非常稳定，同时也不需要负担资金成本，即便经营环境变化，企业经营不稳定，内源性融资也不会有撤出的风险。科技型企业从外部进行融资，通常会产生很多资金成本。股票发行上市要支出大笔的费用，如券商费用、会计师费用、律师费用等，而银行贷款则要承担资金利息，且需要到期还款。但利用留存收益和折旧则不会产生这些费用。因此，内源融资是科技型企业首选的资金来源。但是，内源融资规模可能会受到较大的制约，积累速度取决于科技型企业盈利能力增长。对科技型企业，尤其是初创期的科技型企业来说，提供大规模资金的可能性不大。

（2）天使投资。

天使投资通常是指非正式的风险投资机构或者自由投资者，以股权形式对初创企业进行的前期投资。天使投资者以个人投资者为主，一般不会像机构投资者那样对企业进行详细的调查，通常是根据自己的经验形成对企业的估值。天使投资者在企业早期对企业进行投资获得股权，等到企业被收购或者股票上市时变现，从而获得高额回报。

初创期企业失败率很高，天使投资者又不会像机构投资者那样对企业进行详细的调查，因此，天使投资风险很大。天使投资在企业早期以股权形式进行投资，一般会获得较大比例的股权。进行投资后，天使投资有可能会参与企业经营，通过自己的经验帮助科技型企业减少经营决策失误。同时，科技型企业的重大经营决策有可能受到限制，影响经营决策的自主性。但是，天使投资的投资为初创阶段的科技型企业的发展提供了动力，又可以帮助其改善经营管理，对于初创阶段的科技型企业是难能可贵的。

跟专业的投资机构比较，天使投资对科技型企业的投资金额会比较小。天使投资者的投资金额受自有资金规模的限制。天使投资的风险收益偏好与初创阶段的科技型企业比较匹配，适合于初创期的科技型企业进行股权融资。天使投资者一般通过两点判断科技型企业的投资价值：一个是技术先进性，另一个是产品的应用前景，前者决定了科技型企业的核心竞争力，后者决定了科技型企业的盈利能力。

（3）风险投资。

风险投资也被称为VC，一般选取成长潜力大的企业，会在企业发展早期以股权方式进行投资。风险投资是专业的投资机构，一方面会对科技型企业投入资金，另一方面，风险投资也可能会参与科技型企业的经营管理，在发展战略制定、日常经营等方面进行干预。因此，风险投资可以给科技型企业提供资金支持，也可以为科技型企业带来发展资源。具体来说，风险投资有以下几个特点：

① 投资金额较大。风险投资机构一般资金规模大，可以为科技型企业提供大额资金支持。风险投资看重科技型企业的成长潜力，期望成功后的巨额投资回报。因此，风险投资期望获得较多的股权占比，风险承受能力也很强，对科技型企业的投资额一般会比较大，对未来退出时能获得收益回报的期待也比较高。

② 投资期限较长。风险投资重视科技型企业的未来发展潜力，期待其为投资方带来高投资回报。因此，风险投资一般在科技型企业发展早期进入，投资期限一般为4年到8年，在企业发展成熟后，通过资本市场将股权变现以获取回报。

③ 重视科技型企业的潜力。风险投资重视股权的未来增值空间，而股权未来增值空间取决于科技型企业的未来发展速度。因此，风险投资一般在产品研发成功后，科技型企业进行产业化生产，并准备将产品投入市场时介入，投资前通常会进行详细调查，综合评估企业创始团队的能力和经营数据。风险投资在审慎评估后，会投资大量资金给有发展潜力的科技型企业。

投资后，风险投资会借助自身优越资源为科技型企业提供帮助，利用自身的社会关系网络，为企业调研市场、招揽科研人才。同时，风险投资还可以利用自身资源优势尽快帮助科技型企业上市，以期尽快出售股权退出获利。风险投资机构能够助力科技型企业早日迈入成熟期，对比单纯提供资金的投资方式对科技型企业更有吸引力。

（4）私募股权投资。

私募股权投资也称PE，是对已经形成一定规模的，并产生稳定现金流的创业投资后期的私募股权投资部分，而在资金规模上占最大的一部分是并购基金和夹层资本。注册制试点以来，99%的北交所挂牌公司、90%的科创板上市公司、60%的创业板上市公司在上市或挂牌前得到了私募股权基金的投资。私募股权投资机构以非公开方式募集资金，筹资对象是有特定承受能力的合格投资者。私募股权投资机构通常选择高成长性的非上市公司为投资对象，尤其优先选择正在筹划上市的企业。在上市前，获取企业股权，待上市后股权增值退出，取得相对稳妥的投资收益。

同风险投资类似，私募股权投资也为被投资企业提供资源、输出管理。作为专业的投资机构，私募股权投资通常拥有丰富的社会资源。投资后，为了后期转让股权时获取更多的超额利润，私募股权投资帮助科技型企业进行市场开拓、输出人才等，帮助被投企业拓展发展领域，加快发展速度。同时，私募股权投资机构也重视被投资企业的内部管理，会参与被投资企业的重大决策，监督企业的经营活动，帮助科技型企业稳定、快速发展。

私募股权投资具有以下几个特点：

①投资金额较大。私募股权投资是专业的投资机构，资金实力雄厚，体量非常大，相较于其他投资者，能为科技型企业提供大额的资金支持。

②投资期限较长。私募股权投资通过股权方式投资于非上市的企业，目的是在企业未来上市后获取超额收益，投资期限一般是两年，期限比较长。

③重点投资于成熟期企业。私募股权投资一般选择在企业发展的成熟期进入，尤其是企业上市前的阶段。这一阶段的企业市场份额稳定、规模较大、风险相对可控。私募股权投资在企业上市前进行股权投资，待企业上市后退出获得资本利得。相对天使投资、风险投资来说，风险更低，变现期限也相对较短。

（5）股票公开发行融资。

公开发行股票融资是股权融资的重要形式，主要包括股票首次发行、定向增发等。首次发行上市融资为科技型企业提供了多元化的融资方式选择，也为风险投资、私募股权投资等的退出提供了渠道。目前，我国中小板和创业板的上市公司中，民营企业占比超过了80%。股票公开发行融资也推动了科技产业的发展，科技型企业得以脱颖而出。我国正致力于发展多层次股权市场，相继推出中小板、新三板、创业板、北交所等市场，科创板更是主要面向创新型企业。随着注册制的实施，多层次资本市场的完善，科技型企业公开发行股票融资的渠道越来越丰富，也为风险投资、私募股权投资等的退出降低了难度。

2. 债券发行

在公开债券市场上，政府、商业银行、政策性银行、央企和地方性企业发债占绝大多数。科技型企业可以发行企业债券、公司债券、短期融资券、中期票据、集合债券、集合票据、私募债券以及科技创新债等进行融资。创业阶段的科技型企业获得债券融资的非常少，科技创新债等的推出为初创期科技型企业债券融资拓展了机会。

科技型企业发行债券融资有以下优点：首先是税盾作用。债券利息可以税前扣除，具有抵税作用，为科技型企业增加了留存收益，也增加了内源融资的资金积累；其次是财务杠杆作用，科技型企业的投资收益率一般比较高，投资收益率超过资金成本时，负债融资对科技型企业的经营成果具有放大作用。

科技型企业利用债券融资也存在一定的风险。债券需要到期还本付息，如果科技型企业资金流出现问题，就可能产生兑付风险，甚至面临破产的威胁。同时，债券融资的限制性条款比较多，灵活性较差，资金使用的范围受到一定限制。因此，科技型企业发行债券要考虑发债时机的选择，对企业的未来资金需求预测与债券的期限和利率情况的匹配度给予足够的考量。

（二）间接融资

1. 商业贷款

科技型企业可以以一定的利率向商业银行贷款，并按约定到期还本付息。银行贷款是传统企业间接融资的一种主要方式。银行贷款时一般要求企业提供厂房、设备等进行抵押，或者要求提供担保。所以，企业征信和经营效益比较好的企业才有可能获得商业贷款。

科技型企业在向银行申请贷款融资时，银行根据企业的信用状况、抵押担保情况进行评估。贷款成功后，贷款利息可在计算所得税税前扣除，会产生抵税效应。商业银行贷款放款速度慢，会根据贷款人资质严格控制贷款额度。银行商业贷款办理流程繁杂、需要准备的资料繁多。贷款条件相对苛刻，准入门槛高，对于中小型科技型企业来说，融资很难。

2. 科技信贷

科技信贷是指为技术研发等科技活动以及科技型企业运营发展提供的债务性金融资本支持。科技信贷属于外部间接融资，在以间接金融为主导的金融体系中，科技信贷是科技型企业发展、科技活动开展重要融资渠道。

根据信贷供给方不同，科技信贷分为商业银行科技贷款、政策性科技贷款和民间金融科技贷款。

（1）商业银行科技贷款。

在市场化科技金融体系中，商业银行科技贷款是科技信贷最重要的组成部分。商业银行科技贷款在针对科技型中小企业特征的信用评价系统下，对科技型企业资金需求进行识别，判断科技型企业偿债可能性，并采用特定的定价模式确定贷款利息。在金融体系较为发达的国家，与商业银行科技贷款相伴而生的还有科技贷款证券化产品，借由科技贷款证券化，商业银行能够更好地控制面临的坏账风险以及解决流动性短缺问题。

（2）政策性科技贷款。

政策性科技贷款主要面向依据市场规则无法获取信贷融资的科技型企业，旨在解决科技贷款市场失灵问题，因此往往表现为投向特定行业如战略性新兴产业、科技信贷特定类型企业如小微科技型企业、特定区域如高新技术区统借统还贷款等。

（3）民间金融科技贷款。

民间金融科技贷款是商业银行科技贷款和政策性科技贷款的有效补充。民间金融科技贷款是利用债务人社会关系从非正规金融部门取得资金支持，是社会资本参与科技信贷资源配置的一种体现。民间金融科技贷款主要面向无法获取商业银行科技贷款支持，又不符合政策性贷款扶持范畴的科技金融需求，具有规模小、不规范性等特点。

3.融资租赁

融资租赁是指出租人根据承租人的要求，向供货商购买承租人选定的设备，出租人把设备出租给承租人，承租人向出租人分期支付租金，租赁期间设备的所有权不发生改变，但是承租人获得设备的使用权，是一种创新的融资方式。科技型企业所需要的生产设备通常都是高精尖的，价格高昂，科技型企业往往由于缺乏资金而无法购买。采用融资租赁方式，出租方会为其购买价格高昂的高精尖设备，科技型企业只需要分期缴纳租金即可。这种融资方式既可以满足科技型企业对生产设备的迫切需求，也可以暂时缓解科技型企业的资金压力。

融资租赁的优点有两个：一是融资期限比较长。融资租赁的期限一般为设备使用寿命的70%—75%，这对供需双方都是有利的。对出租者而言，可以降低设备因为时间过长而被淘汰的风险。对科技型企业来说，可使用年限接近设备的使用寿命，能在比较长的一段时期减缓融资压力。二是融资速度比较快。科技型企业通用租赁的方式，可以通过融资租赁公司直接获得生产设备的使用权，不需要千方百计筹集资金。相比银行贷款以及其他融资方式，融资难度小，融资速度也快得多。融资租赁是与科技型企业，尤其是创业早期科技型企业的资金需求比较匹配的融资方式。

但是，融资租赁也有一定的局限性，这主要表现在融资期限灵活性差。在与科技型企业合作之前，融资租赁公司可能不熟悉要提供的高精尖设备，而设备的价格高昂，很难做其他用途。如果租赁期限比较短，融资租赁公司会担心专用设备很难再次出租，因此倾向于将设备长期出租给科技型企业。所以融资租赁模式的融资期限会比较长，融资期限的灵活性差。

4.票据融资

票据融资是指票据持有人利用所持有的能体现财产权利的有价证券，向银行申请套取资金，实现融资目的。套取资金的方式包括票据贴现、票据质押贷款、票据转贴现等。票据融资所利用的票据主要是商业承兑汇票和银行承兑汇票。在我国，企业可以利用自身的信用来签发商业承兑汇票，也可以向银行申请签发银行承兑汇票。科技型企业资金不足时，可以将持有的未到期票据向银行申请票据贴现、票据质押贷款、票据转贴现等，并支付一定的手续费，从而提前获得资金，来提高票据的流通性，缓解资金压力。

对科技型企业来说，票据融资具有以下优点：票据融资要付的手续费或利益不高，资金成本比较低；票据融资手续简便、办理迅速；票据融资的保证充分，融资成功率高，可以在一定程度上缓解科技型企业资金短缺的问题。

票据融资的缺点是：票据融资的前提是科技型企业要持有能体现财产权利的票据，因此，票据融资受限制于科技型企业所获得的商业承兑汇票和银行承兑汇票。另外，商业承兑汇票和银行承兑汇票期限都不长，因此，票据融资的期限也会比较短。

5.知识产权质押融资

知识产权质押融资，是指企业将其拥有的知识产权作为质押，从银行进行贷款融资。知识产权包括专利权、商标权等。知识产权质押融资包括三种方式：第一是单一知识产权质押，知识产权是贷款的单一质押物；第二是知识产权质押与第三方担保相结合，以知识产权质押为主，以第三方担保为辅助，两者相结合；第三是知识产权质押与其他抵押物相结合，以知识产权质押为主，以固定资产抵押为辅助。

以专利权、商标权等知识产权进行评估后质押融资，考虑到早期的科技型企业知识产权丰富，而固定资产不多的实际情况，在一定程度上缓解科技型企业贷款难的问题，是与科技型企业比较匹配的一种融资方式。

6.投贷联动

投贷联动是指不同收益要求、风险偏好的金融机构，在产品、客户、信息和渠道等方面进行深入合作，形成利益共同体，来满足不同成长阶段的企业差异化资金需求。投贷联动参与者包括商业银行、风险投资、私募股权投资等，风险投资、私募股权投资对科技型企业进行股权投资，商业银行为科技型企业提供贷款，商业银行的信贷风险由投、贷主体共同分担。投贷联动把股权投资与债权投资有机结合起来，共享信息，共担风险。

处于早期阶段的科技型企业通常规模比较小，盈利能力不佳，也缺少有形资产作为银行贷款的抵押物。科技型企业的抗风险能力差，这个阶段的科技型企业很难获得商业贷款，融资渠道非常有限。投贷联动模式产生后，银行与专业投资机构两者可以共享信息，减轻商业银行信息不对等引起的风险。同时，通过双方的合作协议，双方可以共同承担风险。投贷联动模式的出现，为处于早期阶段的科技型企业提供了新融资选择，拓宽了融资渠道。

具体来说，投贷联动的优点包括以下几个方面。

① 融资期限比较长。科技型企业的成长周期一般是3—5年，3—5年之后，科技型企业有可能发展壮大，也可能已经被市场淘汰而不复存在。投贷联动式的投资主体看重的是企业的未来成长空间，所以会在科技型企业的早期阶段进入，投资期限一般3—5年，待企业进入成熟期后变现退出。

② 融资金额比较大。投贷联动式的投资主体包括商业银行、风险投资机构、私募股权投资机构等，这类主体的资金非常雄厚，双方分别以债权和股权出资，能够为科技型企业提供非常充裕的资金支持。投资主体会根据科技型企业的情况确定具体的投资金额。

③ 为企业提供资源支持。投贷联动模式下，银行与专业投资机构紧密合作，结成利益共同体，为处于创业初期的科技型企业提供资金支持。同时，银行与专业投资机构还可以帮助科技型企业进行业务拓展，对接其拥有的资源，从多个角度提供全方位支持。通过投贷联动，最终目的是实现银行、金融机构和科技型企业的多赢。

7. 长期订单支持贷款

长期订单支持贷款适用于拥有长期稳定订单的企业，解决生产备货资金不足的问题。如果科技型企业缺少有形资产进行抵押贷款，没有充足资金进行生产备货，但拥有长期订单，就可以将长期订单作为担保向商业银行申请贷款，等到客户货款结算后再向银行还款。

长期订单支持贷款不需要抵押物和质押物，以长期订单合同进行担保就能得到银行的贷款。这种融资方式可以帮助科技型企业解决短期资金不足的问题，使企业可以有充足资金进行生产备货，顺利完成订单，提高科技型企业的资金周转效率。

长期订单支持贷款要求科技型企业有真实的业务作为支撑，且订单长期、稳定，融资期限通常与销售周期一致，一般不超过3个月，融资期限比较短。

（三）政府财政投入与金融支持

1. 财政直接科技投入

财政直接拨款，可以根据当时经济形势和需要进行动态调整，灵活性强，且容易控制。财政直接投入的支持对象、支持范围相对明确，有很强的针对性。科技计划项目是政府部门向科技领域提供的一种主要资金支持方式，也是财政直接科技投入的重要方式，通常是由政府部门，尤其是科技部门组织、立项和管理，并向符合条件的企业、高校、科研机构等提供科技项目资金支持。科技计划项目主要是事前补贴，符合国家规定条件的科技型中小企业可以就相应的科技计划项目进行申请，评审通过，就可以获得财政等部门提供的资金支持，进行科研创新等研发活动。

2. 税收优惠

税收优惠是指为了配合国家在特定阶段的政治、经济、社会发展需要，在税收方面相应采取一定的激励措施，对某一部分特定企业和课税对象，减轻或免除特定税收负担。税收优惠是国家干预经济的重要手段。其中，最常见的是针对所得税的税收优惠，具体方式有减税、免税、研发费用加计扣除、加速折旧、税额抵免、收入减计等。为鼓励科技型企业进行科技创新，政府相继颁布了多个税收优惠政策，减少科技型企业税收负担，间接增加其内源资金来源，降低融资成本。

2008年，研发费用加计扣除的相关政策发布，企业的研究开发费用支出，在计算缴纳企业所得税时，可以超比例进行扣除，科技型企业的研发费用负担得到减轻。随着时间推移，研发费用加计扣除政策不断发展变化，提高了加计扣除的比例，扩大研究开发费用可以加计扣除的范围。到2018年，研发支出没有形成无形资产的，按照研究费用实际支出额的175%在所得税前加计扣除。研发支出最终形成无形资产的，可以按照无形资产成本的175%在计算所得税前进行摊销。

所得税税率方面，经过认定的高新技术企业，企业所得税率按15%的所得税率进行征收。与一般企业25%的企业所得税税率相比，税率要低得多。同时，经过认定的高新技术企业、高新技术中小企业，从2018年起，在认定合格前5年产生的经营亏损允许在以后年度税前弥补。一般企业利润可以税前弥补以前年度亏损的期限是5年，而符合要求科技型中小企业，弥补期限最长可以到10年。

2018年，国家还出台了固定资产加速折旧的政策。国家规定企业新购进的、单位价值不超过500万元的设备、器具，不需要像以前一样按使用年限计提折旧，可以在购买时一次性税前扣除。国家还规定，四大领域、六大行业中的企业，购买的固定资产可以进行加速折旧。通过加速折旧，科技型企业可以增加所得税税前扣除金额，减轻企业所得税税负。

3. 政府引导基金

政府引导基金，也被叫作创业引导基金。引导基金一般是由政府出资，吸引创业风险投资机构投资，或者直接出资设立创业风险投资基金，然后由这些机构再投资给科技型企业。政府引导基金不以营利为目的，主要目的是引领金融机构、风险投资机构、社会资本共同参与，为高成长的初创阶段科技型企业服务。

普通的专业投资机构倾向于投资快速发展期、成熟期的科技型企业。政府引导基金利用财政资金的杠杆作用，撬动金融机构、风险投资机构、社会资本等多方资源，增加初创阶段的科技型企业的资金供给，帮助"看不见的手"进行金融资本的有效配置。通过引导，急需资金的种子期、初创期科技型企业，增加了获得投资的机会。

与一般的股权投资不同，一是政府引导基金对创业风险投资机构的参股，通常是阶段性的，到期限会自动退出，再阶段性参股新的创业风险投资机构。二是为降低新设创业投资机构的风险，扶持其成长，政府引导基金会对其扶持的初创阶段科技型企业跟进投资。三是风险补助。政府引导基金可以对创业风险投资机构进行风险补助，提升其风险承受能力，弥补其投资初创阶段科技型企业可能发生的损失。四是进行投资保障。初创阶段科技型企业风险很大，中小创业风险投资机构往往会因害怕风险而不敢投资。政府引导基金可以对其进行先期资助，然后由创业投资机构向其股权投资，之后政府引导基金可以进行二次资助，以减轻创业投资机构的压力。

政府引导基金的优点包括以下几点：

①融资额度比较大。政府引导基金由政府出资，并引领和聚集金融机构、专业投资机构的资金，可用于投资的资金金额十分可观。

②投资对象是具有较高成长性的早期科技型企业。政府引导基金的目的是培育和扶持初创阶段的科技型企业进行创业活动以及技术创新。为保证扶持效果，要对投资目标进行筛选，具有高成长性和投资价值的初创期科技型企业是主要的扶持对象。政府引导基金通常以股权形式进行投资，投资期限相对比较长，所以非常看重科技型企业的未来发展空间。

③政府引导基金是专业的金融投资机构，熟悉产业的发展状态和需求情况，可以为科技型企业的重大决策参与意见，发挥专业化优势，助力科技型企业的未来发展，帮助科技型企业降低风险、加速成长。

4.科技保险

科技保险是一种政策性保险，主要用于支持企业的创新研发过程，保障的对象主要是科技型企业。科技型企业在研发、生产、销售等经营管理活动中，有可能面临财产损失或者对雇员或第三者的人身造成伤害。科技保险能够分散科技型企业研发过程产生的风险，使企业更好地进行创新活动。

科技保险一般采用"政府+商业保险"经营模式。政府不直接参与科技保险的经营，但是对科技保险提供政策支持，保险公司可以享受政府提供的保险补贴及税收优惠。商业保险公司按照市场化方式经营科技保险。"政府+商业保险"的模式符合我国实际情况，也符合科技型企业的实际需要。

科技保险包括保险公司、科技型企业、政府三个参与主体。政府负责扶持科技保险的发展；科技型企业根据自身的需要向保险公司投保；保险公司提供保险服务，需要承担自身经营风险。同时，保险公司的决策影响科技型企业的保险需求。

5.技术产权交易市场

技术产权交易市场是一种新型交易市场，提供产权交易、技术交易、资本市场等功能，为出让方和受让方进行技术要素及其附加权利有偿交易服务。

借助于技术产权交易所的平台，急需资金的科技型企业有机会获得民间资本、海外资本、上市公司的资金，满足了各自的投融资需要，金融资源得到有效配置。技术产权交易市场，使风险资本、产业资本等闲置的资金找到合适的投资机会。科技型企业也可以获得产业化所急需的资金，实现科技成果的顺利转化。技术产权交易所的出现，对科技型企业和风险投资来说尤其重要。在技术产权交易所内挂牌交易的项目，大多数是初创期科技型企业寻求风险投资的项目，以及符合风险投资投资范围的创新项目。

通过将科技成果产权化、资本化，技术成果转化成技术产权，技术成果获得资本的属性，技术与资本得以对接。专利、发明、专有技术等高尖端的技术成果，在技术产权交易所聚集、交易。技术产权交易所降低科技成果转让的难度与风险，拓宽了科技型企业获得先进技术的机会。科技型企业可以将自己的高科技、高成长性项目挂牌，进行股权融资，解决资金短缺问题，也可以通过产权交易调整其产业结构。

6.科技金融服务平台

科技金融服务平台通过提供线上服务成为科技金融信息的集散地，可以解决科技金融服务平台参与主体信息不对称的难题，提高科技成果对接成功率和转化率。科技金融服务平台能够吸引商业银行、专业投资机构、社会资本，聚集科技金融各投资主体，能够为科技型企业和各类投资主体提供全流程服务，推动科技创新和科技型企业发展。

我国的科技金融服务平台大部分为政府所主导，以政府公信力作为保障。科技型企业和需要拓展客户的金融机构，通过科技金融服务平台所获得的信息实现对接，分别满足各自的投融资需求。同时，科技型企业的信用信息得到积累，平台所汇集的金融资源规模不断扩大，科技金融服务平台的资源整合能力也日益提升。

政府主导的科技金融服务平台由政府出资，属于公益性质，通常挂靠在科技部门。在政府的干预下，财政科技金融专项资金会下拨到金融服务平台，由平台将研发补贴、保险补贴、信贷贴息、风险投资补助等发放给科技型企业。通过各类补贴的发放，科技金融服务平台可以筛选的科技型企业，促进金融机构和专业投资机构与科技型企业对接，解决科技型企业的融资困难。通过科技金融服务平台，部分科技型企业得到政府信用的背书，使金融机构和专业投资机构增强了信心。

为获得政府的政策支持，科技型企业需要向平台提供企业各类信息，科技金融服务平台得以建立起科技型企业数据库，实现对科技型企业数据的收集和整合。科技金融服务平台利用科技型企业数据库可以为金融机构提供数据支持，减少信息不对称问题，降低金融机构的投资风险，增加科技型企业获得资金支持的机会。

科技金融服务平台，可以为科技型中小企业提供增值服务，包括信用评估、投资对接、政策咨询等；科技金融服务平台也可以通过发布专题报告和研究报告，为政府、金融机构和科技型企业提供决策参考。

7. 科技企业信用体系

科技企业信用体系是指在政府的推动下，社会各方面力量密切配合，信用中介机构通过市场化运作，逐步建立健全适合我国科技型企业信用管理的一系列法律法规管理制度。科技企业信用体系的建设既要符合国际标准，也要适应我国市场经济发展的需要，是一个系统工程。

2018年，中共中央办公厅、国务院办公厅印发了《关于进一步加强科研诚信建设的若干意见》，随后全国各省市先后出台科技信用管理相关的地方性法规，进一步健全了地方科技信用监管体系。通过建立科技企业信用信息数据库，建立和完善科技企业信用信息归集和共享机制，可以畅通政府、金融机构和科技企业间的信息共享渠道。开展科技企业信用评级，建立科技企业信用预警和黑名单制度，可以促进科技型企业实现信用融资。

《关于进一步加强科研诚信建设的若干意见》属于实施性政策，极具操作性，明确提出在科研诚信承诺、信用审核、成果管理、信用评价、失信调查、信用预警等全流程铺开科技信用监管体系建设；各省份进行地方性探索创新，因地制宜，将自主性与统一性结合，根据本地社会资源条件和现实发展需求，逐渐形成"面上铺开，兼具特色"的模式。

（四）综合保障

科技金融体系建设还需要各种保障措施，这需要政府的政策推动和支持。通过鼓励创新政策的制定，政府激励科技产业不断提高基础创新能力、技术创新能力，最终实现国家创新能力的整体提升。同时，政府通过创新驱动发展战略的制定和产业政策、科技人才政策的实施，引导创业、创新活动的开展，推动人才资源向科技创新领域流动，最终实现科技产业集聚效应，提升我国科技创新的整体能力。

二、企业生命周期划分及特点

企业生命周期是指企业产生、发展的动态轨迹。1959年，马森·海尔瑞提出企业生命周期理论，他认为可以用生物学中的生命周期观点来看待企业。马森·海尔瑞指出，企业像生物体一样会经历从出生到死亡的生命变化过程，企业的发展也符合生物学中的成长曲线。企业生命周期理论仿照生物体的成长过程来探索企业的成长规律，研究企业在每个生命周期阶段的不同特征，是现代企业经营管理的重要理论基础。20世纪50年代到60年代，企业生命周期理论开始萌芽，先后经历了系统研究、模型描述、改进修正、延伸拓展等阶段。企业生命周期理论从开始的定性分析逐步演变到定量分析，前期研究重点是企业生命周期阶段划分，后期转向延长企业的寿命以及提高企业的成长性。

1.企业生命周期划分

企业生命周期理论前期的研究重点是企业生命周期阶段的划分标准，后期转向探索如何延长企业的生命周期，帮助企业实现自身的可持续发展。企业生命周期阶段的划分是后续研究的前提。深入研究企业生命周期不同阶段的特点，在此基础上可以归纳出企业产生发展的一般规律。企业生命周期的阶段划分是个动态过程，学者们对企业生命周期划分标准的研究先后采用了两种方式。前期研究主要是采用定性研究，采用的指标主要包括所有者控制方式、企业组织结构的复杂程度、经营战略、管理风格等。后期主要采用数理统计、指数函数等定量方法进行研究。学术界对企业生命周期划分标准没有达成统一意见，采用的指标从一个到八个，划分的阶段从三个阶段到十个阶段。

2.科技型企业生命周期划分及特点

科技型企业作为企业中的一类，既存在着企业的共性也存在着自身的特性，共性在于其发展过程也是遵循规律的，特性在于其周期时间较短，且不同发展阶段的企业特征和需求存在差异性，所以对于各个阶段的界定较为清晰。

Galbraith（1982）是第一位关注科技型企业生命周期研究的学者，他把科技型企业生命周期划分成原理证明、原型、模型工厂、启动以及自然成长等五个阶段。Kazanjian（1988）将企业各阶段需要优先解决的问题作为着眼点，把科技型企业生命周期划分成定义及发展、商品化、成长、稳定等四个阶段。

国内学者章卫民等（2008），在对若干典型范例进行研究的基础上，借鉴相关学者研究成果，把科技型企业生命周期划分成种子期、初创期、发展期、成熟期、蜕化期五个阶段。

综合来看，国内主要采用定性研究科技型企业生命周期的划分标准以及各阶段的特点。本文采用目前学术界较为常用的划分方法，将科技型企业生命周期划分成五个阶段：种子期、初创期、成长期、成熟期、衰退期。同时，由于衰退期企业生产和销售逐步下滑，盈利不断下降，探究其融资方式选择的意义不大，因此我们主要针对前四个阶段进行研究。在不同的发展阶段，科技型企业所呈现的经营规模、经营收入、经营风险等特点是不同的，这就决定了每个阶段的资金需求、需求类型、资金来源等也是不同的。因此有必要分析科技型企业在不同发展阶段的特点。

（1）种子期。

种子期时，科技型企业可能还没有正式成立。创业往往是基于创业者所拥有的技术上的新发明、新设想以及对未来企业的构想。这个时期，由于只有产品构想，没有产品原型，因此产品在技术上、商业上的可行性都是未知状态。研发是否能完成，科研成果是否能转化成产品，产品是不是能被用户接受，商业化的产品是否能够形成规模，存在很大不确定性，企业前景始终笼罩在风险之中。

新产品从想法到形成科技成果，从实验室的科技成果转化成商品，商品再推出市场被用户接受是一个比较长的过程，这中间的每一个环节都存在着极大的不确定性。因此，科技型企业在种子期的经营风险非常高。种子期阶段，科技型企业可能还没有出现，即使出现，企业的规模也非常小。企业在种子期不会有太多员工，往往是创业者、创业伙伴直接对员工进行指挥和管理。因此，种子期的科技型企业组织机构非常简单，产生管理风险的概率不大。

（2）初创期。

在初创期，企业已经掌握了产品的原型，需要在原型的基础上进行改进，控制技术风险。然后，将产品推向市场试销，在与市场相结合的过程中加以完善，获取市场反馈，使新产品成为市场愿意接受的商品，为大规模化生产做准备。初创期是新产品研发到批量生产，并被市场接受的一个必不可少的过渡阶段。

到初创期，新产品的研发已经完成，产品也初步定型，企业技术风险开始下降。企业开始从产品导向向市场导向转变，存在着比较大的市场风险。科技型企业要制造出小批量的产品，送给客户试用并同时试销，再根据市场反馈，对产品和工艺进行改进，以使产品满足市场的需要。产品是否符合客户的要求，客户是否有意愿购买产品，要经过市场检验。

初创期的科技型企业，规模开始扩大，员工数量明显增长，管理复杂程度也开始增加，部分企业会选择引进职业经理人。引进职业经理人管理水平如何，新晋员工是否能适应企业发展，都存在一定的风险。因此，初创期的科技型企业管理风险会显著增加。

（3）成长期。

在成长期阶段，新产品的设计和制造已经定型，企业也具备了一定生产能力。这一阶段，产品本身的不确定性显著下降，技术风险也随之开始降低。此时，销售渠道的建立还不够完善，企业的品牌形象需要树立。开拓市场、提高市场占有率、扩大生产规模是这一阶段的主要任务。因此，在成长期，科技型企业需要扩大生产能力、组建销售队伍、大力开拓市场以及树立品牌形象。在这个阶段，最大的挑战是产品能不能被更多人接受，能不能达到比较高的市场占有率，这是科技型企业生存和发展的关键。所以，这个阶段科技型企业存在比较大的市场风险。

随着市场占有率的提高，成长期产品销售量增加并迅速，生产规模也急剧增长。同时，科技型企业规模会再次扩大，员工数量大幅增加，还可能跨区域经营。在成长期，科技型企业规模的组织结构会更加复杂，管理难度增加，管理风险也会大幅度上升。

(4)成熟期。

进入成熟期,科技型企业已经占据较大的市场份额,但市场需求趋于饱和,销售增长空间有限。同时,科技型企业对产品定价失去垄断优势,利润率开始下滑。在此阶段,科技型企业的主要任务有三个:一是进行组织结构调整,以适应企业扩大的规模;二是继续加大科研投入,对核心技术进行重组,以保持持续创新能力;三是寻找新的产业方向,调整发展战略,以延长企业的成熟期。

(5)衰退期。

进入衰退期,由于新产品、替代品出现,消费习惯的改变等原因,科技型企业现有产品不再具有领先性,销售量急剧下降。企业技术创新停滞不前,人才开始流失,利润持续下滑。由于企业增长乏力,前景堪忧,信用风险增加,融资变得困难。在衰退期,科技型企业也有可能开辟新的发展领域,获得二次发展机会,开启新一轮的企业生命周期。

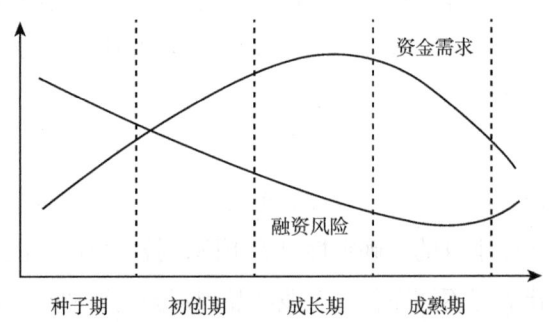

图1-1 科技型企业不同发展阶段的资金需求与融资风险

如图1-1所示,科技型企业的融资需求从种子期、初创期到成长期,逐步上升,到成长期的资金需求量最大,成熟期开始下降。而科技型企业的融资风险从种子期、初创期、成长期再到成熟期,呈现逐步下降的态势。在企业生命周期的不同阶段,科技型企业资金需求与融资风险呈现不同的变化过程,要解决科技型企业的融资难的问题,有必要分析每个阶段的融资特点,进而根据其特点匹配合适的融资方式。

三、科技型企业不同阶段融资特点与融资方式选择

(一) 种子期的融资特点与融资方式

种子期阶段,科技型企业有可能没有成立,即使成立,规模也很小。这一阶段企业需要启动资金购买基本的设备、工具进行研发投入和日常经营,而企业在此阶段几乎没有现金流入。总体来说,种子期阶段科技型企业有融资需要,但需求金额不大,且需求比较迫切。

科技型企业在种子期的发展目标,重视产品创意和技术转化,关注可持续发展问题。科技型企业需要融入资金购买研发设备,进行技术和产品研发。同时,创业者也有愿望与投资人对接以获得更多资源。由于科技型企业在此阶段很少有经营现金流入,也很少有固定资产用来抵押贷款,所以,创业者才愿意出让部分股权以尽快融入资金,对股权形式接受度最高,也不排斥以"股权+债权"形式融资。

种子期,天使投资、政府引导基金、知识产权质押融资等都是科技型企业可以匹配的融资方式。天使投资看重创始人是否有好的创意。种子期科技型企业正处于技术萌芽和酝酿阶段,如果企业的技术或构想得到天使投资人的认可,科技型企业就可以得到启动资金。政府引导基金重点支持技术创新,注重企业的未来发展能力,具备高成长性潜力的科技型企业可以获得引导资金的支持。种子期的科技型企业风险大、失败率高,达不到银行的放贷标准。这一时期企业资金需求金额不大,如果科技型企业拥有发明、专利、专有技术等知识产权,可以用于向银行申请知识产权质押融资。

(二) 初创期的融资特点与融资方式

在初创期,科技型企业的产品已经推向市场,但市场还没有完全打开,销售规模不大,经营性现金流入不多,尚未形成成熟的商业模式。在此阶段,科技型企业的当务之急是技术成果尽快转化为产品,以抢占市场获得销售收入。由于处于将产品推向市场的开始时期,培育市场需要相当大的资金投入。同

时，扩大再生产还要购买机器设备。这个阶段，研发费用、销售费用、管理费用等支出会比较高，购建固定资产、无形资产等的资本性投入也比较多，初创期科技型企业会出现非常大的资金缺口。而且，在这个阶段，产品的生产规模、销售规模都比较有限，企业信用等级也不高，融资难的问题比较突出。数据显示，科技型企业的寿命一般不超过5年，能顺利度过前5年的大约只有1/4，资金不足是很多科技型企业在此阶段倒下的直接原因。

初创期，科技型企业需要购置大量生产设备来进行规模化生产，也需要在市场开拓方面进行大量投入。资金需求方面，融资频率不高，考虑到自身条件，愿意出让部分股权以尽快融入资金，对股权融资的接受度较高，也期望以"股权+债权"形式融资。

政府引导基金、科技信贷、知识产权质押融资、风险投资、投贷联动、长期订单支持贷款等融资方式都适合处于初创期的科技型企业。在这个阶段，科技型企业的产品已经正式推向市场，如果市场接受度高，风险投资和政府引导基金都会看重企业的未来发展潜力，愿意以参股的方式给企业注入资金。同时，初创期的科技型企业正处于产业化的前期，企业信用开始有所积累，银行也会愿意以投贷联动模式联合投资机构给企业提供资金支持。如果持有长期订单，科技型企业还可以向银行申请长期订单支持贷款，融入短期的流动资金。

（三）成长期的融资特点与融资方式

成长期，产品批量上市，商业模式趋向成熟，科技型企业开始有大量的经营性现金流入。企业产业链开始稳定，持续进行技术创新，重视团队管理。为进一步开拓市场，提升销售规模，企业需要进行大规模生产，需要采购与规模化生产相适应的机器设备。为了扩大销售规模，企业还要加强销售渠道建设，进行广告投放，销售费用开支比较高。在此阶段，购建固定资产、无形资产的支出持续增长，研发费用、销售费用、管理费用也居高不下。本阶段科技型企业资金缺口达到顶点，如果资金不能持续供应，将会影响高速成长的机会。资金需求特点方面，企业融资频率不高，希望获取长期资金。

成长期，科技型企业的可选融资方式更多一些，包括政府引导基金、风险投资、科技信贷、融资租赁、票据融资、长期订单支持模式等。成长期的科技型企业，产品已经成功投放市场，销售开始初具规模，并且获得了一定利润。风险投资和政府引导基金会发现经营数据亮眼和具备增长潜力的企业进行股权投资，并利用自身的丰富经验帮助科技型企业提高管理水平。为满足规模化生产的需要，科技型企业可以通过融资租赁模式获得机器设备，科技型企业定期支付租金就可以得到设备的长期使用权。科技型企业的产业链开始稳定，持有大量长期稳定的订单和票据，可以选择票据融资或长期订单支持贷款满足中短期融资需要。

（四）成熟期的融资特点与融资方式

成熟期，保持持续技术创新能力是科技型企业的首要任务。同时，进一步开拓市场、扩大销售规模、调整发展战略也是这个时期的重要工作。这一阶段，科技型企业融资频率较低，倾向于获得长期、大额的资金，部分企业开始筹备股票发行上市。

商业贷款、私募股权融资、上市融资等是成熟期科技型企业常见的融资方式。在这一阶段，消费群体已经稳定，产品的市场占有率高，企业本身也拥有了比较高的品牌知名度，开始具备上市的潜力。同时，科技型企业获得商业贷款的能力大幅上升。成熟期的科技型企业可以选择私募股权融资进行融资，再由私募股权融资机构利用其拥有的丰富资源，帮助企业上市融资，也可以选择向银行申请商业贷款。

第 ❷ 章
新发展阶段与科技金融发展历程

第1节
新发展阶段的概念

一、新发展阶段论断的提出

习近平总书记在2020年8月的经济社会领域专家座谈会上第一次提出"新发展阶段"这个概念。他指出:"十四五"时期是我国全面建成小康社会、实现第一个百年奋斗目标之后,乘势而上开启全面建设社会主义现代化新征程、向第二个百年奋斗目标进军的第一个五年,我国将进入新发展阶段。这一命题是"我国将进入新发展阶段"的重大判断。

2020年10月,党的十九届五中全会上,习近平总书记指出,新发展阶段就是全面建设社会主义现代化国家、向第二个百年奋斗目标进军的阶段,从理论和实践、历史和现实的角度强调了全面把握新发展阶段的重要性。

2021年1月,在省部级主要领导干部学习贯彻党的十九届五中全会精神专题研讨班上,习近平总书记从历史、现实、理论的角度更加具体地解释了新发展阶段的判断根据,并指出新发展阶段是我国社会主义发展进程中的重要阶段。同时,他指出新发展阶段是社会主义初级阶段经过多年积累才达到的新的起点,属于社会主义初级阶段中的一部分。

新发展阶段标志着社会主义初级阶段迈入了新的阶段,代表了社会主义初级阶段即将向更高阶段发展。因而其内容有了新拓展、发展呈现新特征、任务发生新变化,具有深刻的科学内涵。

二、新发展阶段的内涵

（一）新发展阶段里社会主义初级阶段的内容有了新拓展

新发展阶段是社会主义初级阶段内一个新的阶段，同时也是构建社会主义、共产主义体系中的重要一环。新发展阶段的提出，重新划分了社会主义初级阶段的分期和时限。前半程是1956年到2021年，我国建立起社会主义制度并实现全面小康。2021年到2049年是后半程，属于新发展阶段，全面建成社会主义现代化强国是这一阶段的主要任务。我国目前还处于社会主义初级阶段，但已经走上后半程。在新发展阶段，不能偏离我国仍处于社会主义初级阶段的国情，准确把握并且不超越初级这个基本原则。同时，与前半程相比，新发展阶段经济更为发达，社会更加进步，我们要抓住机遇，完成社会主义初级阶段的总任务，早日实现全面建成社会主义现代化强国的目标。在社会主义初级阶段，我国要完成从量变到质变的飞跃，而新发展阶段对社会主义初级阶段的内容进行了发展。

（二）新发展阶段里社会主义初级阶段的发展呈现出新特征

新发展阶段虽然仍属于社会主义初级阶段，但已经是新的起点。新发展阶段里，我们要把握好经济社会出现的新特征，关注新时期我国社会的主要矛盾，正视社会发展的不平衡、不充分，创造条件满足人民对美好生活的向往。站在新的起点，既要牢记我们仍属于社会主义初级阶段的国情，又要以新发展理念为指导，以高质量发展为动力，来构建新发展格局，实现共同富裕的建设目标。

（三）新发展阶段里社会主义初级阶段的任务发生了新变化

为了实现把我国建设成为社会主义现代化强国的历史目标，党的十九大制定出"两步走"的战略：到2035年基本实现现代化，到2049年实现全面建成社会主义现代化强国。社会主义初级阶段的前半程，我国已经全面建成小康社会。新发展阶段，我们要为社会主义初级阶段迈向更高阶段做准备，要完成社会主义初级阶段的"最后历史任务"。因此，新发展阶段，现代化建设要经历从低水平向更高水平、从量变到质变的过程，把我国建设成为富强民主文明和谐美丽的社会主义现代化强国。

三、新发展阶段下新发展格局的构建

2020年8月，习近平总书记在经济社会领域专家座谈会上提出了"新发展阶段"的重要观点，同时还强调"构建新发展格局"是符合我国发展新阶段要求、缔交国际合作和竞争新优势的必然选择。考虑我国比较优势的变化，也立足于我国环境和条件以及所处的发展阶段，构筑以国内大循环为核心、国内国际双循环互促成为我国要采用的新发展模式。新发展格局构建的关键要素在于实现高水平的自立自强，强调的是自主创新驱动、扩大内需、供给侧结构性改革和畅通国内外循环等重要因素。

一是强调自主创新，通过实现自主创新促进产业结构的升级，加强创新链和产业链的衔接，全面推进科技创新的部署，对产业链中存在的不足进行新建、延长和弥补，完善体制机制，努力解决科技创新面临的瓶颈期等风险。

二是扩大内需通过建立有效的制度机制，加强需求侧管理和服务，促进建立完整的内需体系，释放内需潜力，扩大居民消费，提高消费水平，使以需求推动经济增长的模式能够持续健康发展。此外，国内超大规模市场潜力的充分发挥也有助于在复杂严峻的国际环境中拉动国外经济增长，不断提升我国经济发展的自主性。

三是要畅通国民经济循环，推动宏观经济逐步进入供需平衡、质量与数量平衡及安全与发展平衡。生产投资持续是供给水平提升的前提条件，能确保全面提高群众生活水平，改善群众生活质量，供给同样取决于公众需求。新发展格局构建过程中应关注两方面内容，其一为需求侧管理，其二为供给侧结构性改革。只有如此，才能将新发展格局构建目标达成。新发展格局构建的核心在于促进科技发展和科技创新，必须对效率与质量给予充分重视，只有如此，优质快速发展才能真正实现，才能真正推动质量和数量平衡。打造新发展格局关

注的另一个重点在于自强、自立，双循环因素互相影响，重视巩固强化开放合作，在此基础上实现安全与发展平衡。

从以上内容可以看出，为构建双循环的新发展格局，不仅要打造自主可控的产业链和供应链，还要做到科技的自立自强。因此，科技创新是当务之急，而科技创新离不开金融资本的支持。加快资本与科技创新的融合，完善金融市场，是我国战略目标完成的关键。

第2节
新发展阶段金融市场的特点与发展趋势

党的十八届三中全会以来，我国金融体制改革取得显著的进展。金融市场更加完善，金融调控更加精准，防范金融风险的能力得到加强，金融市场服务实体经济的能力也得到提升。进入新发展阶段，国内外形势更加复杂严峻，金融市场发展的基础、条件、任务等也正在发生新的变化。金融市场在新发展阶段的作用更加重要，而金融体制改革要围绕国家战略发展目标，提升服务实体经济的能力，助力新发展格局的构建。

一、金融市场的概念

金融市场是指资金融通和金融资源配置的场所。金融市场的主要活动包括经营货币资金借款、外汇交易、有价证券交易、债券和股票发行、黄金等贵金属买卖等。依托金融市场，中央银行可以利用货币政策等工具间接调控经济，并起到资本存量蓄水池的作用。金融市场信息是金融市场各参与主体进行决策的重要依据，国家要根据金融市场信息对经济进行宏观调控，金融机构和企业也需要及时获得金融市场信息以做出快速反应。

二、金融市场的构成

金融市场是一个庞大的体系，可以分别按照交易工具的期限和融资方式来进行分类。

（一）按交易工具的期限分类

金融市场按照交易工具的期限可以分两个市场：货币市场和资本市场。这两个市场相互联系又相互独立。

1. 货币市场

货币市场包括金融同业拆借市场、银行承兑汇票市场、商业票据市场、短期政府债券市场、回购协议市场、大面额可转让存单市场等。货币市场是针对市场参与者对流动性资金的需求，提供的是一年以内的短期资金融通。

2. 资本市场

资本市场主要包括中长期信贷市场、证券市场等。资本市场是一年以上长期资金进行融通的市场。中长期信贷市场主要是供金融机构与企业之间进行资金借贷。证券市场是通过证券的发行与交易来实现融资，又包含股票市场、债券市场、基金市场、保险市场等子市场。

（二）按融资方式划分

金融市场是实现资金融通的场所。融资是资金融通的简称。融资方式可以分为直接和间接两种。按照融资方式的区别，金融市场可以划分成两个市场：直接融资市场和间接融资市场。

1. 直接融资市场

直接融资时，资金供需双方要借助金融工具来直接建立起债权或股权关系。这里的金融工具主要是指直接借贷凭证、股票、债券、商业票据等。直接融资能弥补间接融资的不足，聚集社会闲置资金直接投资于企业的生产经营。直接融资市场，是指可供资金供需双方通过金融工具直接进行资金融通的市场。

2. 间接融资市场

间接融资方式是指资金供需双方不直接交易，而是通过银行等金融机构作为中介来进行资金融通。资金供给者通过存款或购买金融机构发行的有价证券，把闲置资金提供给金融机构，金融机构再以贷款、贴现或者购买资金需求方发行的有价证券等方式，向资金需求方提供资金。借助金融机构的中介作用，资金由供给者传递到需求者手中，从而实现资金融通。以银行等金融机构作为信用中介进行融资所形成的市场就是间接金融市场。

三、我国金融体制改革取得的突破性进展

2013年11月，《中共中央关于全面深化改革若干重大问题的决定》提出完善金融市场体系是加快完善现代市场体系的重要改革任务。2020年5月，中共中央、国务院发布的《关于新时代加快完善社会主义市场经济体制的意见》提出了金融体制改革的大量内容。经过若干年的不断努力，我国的金融体制改革取得了很大进展。

（一）金融领域运行规则日渐完善

2018年6月，中共中央、国务院发布《关于完善国有金融资本管理的指导意见》，之后又出台发布了规范国有金融资本管理的一系列重要文件。这些文件对于国有金融资本管理进行了重要部署，理顺国有金融资本的管理机制，在顶层设计方面进行了重大改变，推动国有金融资本管理从"管企业"向"管资本"转变，从而建立了统一的国有金融资本出资人制度。国有金融资本管理机制的改革，有利于国有资产的保值增值以及国家金融安全的维护。

资本市场在市场化、法制化改革方面取得非常大的进展。《证券法》进行了重新修订。新《证券法》对信息披露提出更高的要求，加大了违法主体的处罚力度，上市公司违法成本增大，保护了投资者的利益。新《证券法》还规定要全面推行注册制，注册制的推行突飞猛进。企业债、公司债由核准制发行改为注册制发行，科创板进行了注册制试点。2020年8月，创业板也进行了注册制改革试点。债券市场的改革也在提速，银行间、交易所债券市场的基础设施开始打通，交易所的债券市场规模快速增长，债券市场相互割裂的现象有所改变。同时，债券不再实行刚性兑付，发债企业的风险开始释放。

普惠金融政策开始推出。2020年7月，中国银保监会颁布了《关于印发商

业银行小微企业金融服务监管评价办法（试行）的通知》，商业银行小微企业的监管评估体系得以建立。同时，人民银行专门制订了针对普惠小微企业的信贷支持计划和延迟支持机制，并在宏观审慎评估时对小微企业增加了融资指标。

（二）利率、汇率市场化改革得到推进

2015年8月，人民币汇率市场改革开始启动。人民币汇率中间价形成机制更加透明，加强了对美元汇率的基准化、市场化，增强了人民币汇率的弹性，人民银行不再对人民币汇率进行常态化干预。中央银行沟通是增强货币政策透明度和引导市场经济主体预期的重要手段。而人民银行会注重对经济主体预期的管理与引导，加强与市场的交流，稳定市场预期。

利率市场化改革的脚步也在加速。一方面，贷款市场的报价利率形成机制发生改变，贷款市场报价利率代替了存量浮动利率贷款定价基准，贷款基准利率转向了贷款市场报价利率。另一方面，不再对存款利率进行管制，鼓励市场利率自行定价。

（三）金融自主开放步伐加快

目前，我国允许成立外资独资的期货公司、人身保险公司、保险资管公司，信用评级、支付等领域也允许国外投资者进行投资。同时，放宽银行业、证券业、保险业对外资持股比例和经营范围的限制，金融业准入负面清单已经清零。

人民币的国际化发展迅速。人民币在全球官方外汇储备所占比重日渐增加；人民币在2016年以排名第三的比重被纳入特别提款权；国际贸易中，大宗商品交易开始用人民币进行计价结算。

资本市场的连通性不断增强。A股被正式列入多个重要国际指数，且所占比重呈上升趋势。我国政府债券也被列入多个全球国债指数。沪港通、深港通、沪伦通等相继被推出，使国外投资者参与中国证券市场投资变得更加便利。

（四）金融调控和监管体系更加完善

人民银行的宏观审慎管理职能得到重视和加强，尤其是在房地产金融和跨境方面。逐步实现了对资管业务的统一监管，进一步完善了对系统性重要金融机构的监管体系，构建了系统性重要银行的评价和辨识机制，在附加资本、杠杆率、大额风险暴露等方面增加了额外的监管条例。《金融控股公司监督管理试行办法》的颁布实施，对由非金融企业出资设立的金融控股公司进行了全面的监管，在制度上使实业板块与金融板块相分离。建立存款保险制度，并建立存款保险基金。当前支付、结算、征信等金融基础架构已经初步形成，应加速推进统筹监管。

金融监管组织体系逐步完善。2017年11月经党中央、国务院批准成立国务院金融稳定发展委员会，对金融监管政策之间、部门之间及金融与其他政策之间的协作进行统筹协调。成立银保监会，来应对综合化经营的发展趋势，分离发展和监管职能。初步建立起中央垂直监督与地方监督相结合的双层次金融监督体系，从而达到强化金融监管、高效防范金融风险的目的。2023年10月，国家机构调整，国务院金融稳定发展委员会划入中央金融委员会办公室。

四、我国现阶段金融市场的局限性

经过多年发展，我国金融实力已得到了显著提升，我国金融市场实现了规模的扩大。但金融服务能力与实体经济期望仍存在一定差距，在国际市场中的竞争力也有待提高。

（一）政府在金融资源配置中发挥主导作用

在金融领域，政府是重要的市场参与主体，干预金融资源的配置，有一定的合理性，这也是政府维持经济稳定发展、优化经济结构的职责。但从历史来看，政府在我国金融市场体系长期以来居于主导地位，这体现在金融机构的准入和退出批准、金融业务的管制、对金融资源需求主体的倾斜等。尤其是，不同所有制企业在获得金融资源的机会方面有非常显著的区别。国有企业在进行债务融资、进行上市融资时，拥有更多便利。国有企业所获得的在金融市场的融资机会与融资金额远超国有企业对就业和GDP的贡献。

金融资源的配置效率直接影响实体经济的发展速度，与计划经济手段相比，市场经济手段应当更有效率。因此，有必要重新审视政府、市场在配置金融资源中应起到的作用，政府在金融资源配置要注意参与的程度，让市场在金融资源配置中起到决定性作用。

（二）直接融资和间接融资的比例失衡

长期以来，我国存在直接融资和间接融资的比例失衡问题。在我国的整个金融体系中，商业银行居于举足轻重的地位，银行业是我国金融市场体系的中坚力量。注册制推行之前，多层次资本市场还不完善，直接融资渠道有限。而近年来，由于证券市场低迷，企业从资本市场筹措资金十分困难，不得不转向间接融资。由于规避风险的考虑，大量资金从证券市场转向储蓄，流向银行体系。由于资金来源充足，银行有能力扩大贷款规模。一方面，贷款规模扩大有可能加大商业银行的经营风险。另一方面，商业银行的金融资源倾向于流向国有企业、地方政府等，中小企业、科技型企业的融资难、融资贵问题，很难通过间接融资来解决。

（三）金融市场的开放程度尚待进一步加强

我国金融行业一直坚持对外开放的理念，对外开放的程度逐步加深。尤其是2018年以来，金融领域推出几十项开放措施，已经开始落地执行。但以更高的对外开放标准来看，我国金融市场体系的全球化水平还有提升空间。与我国世界第一大贸易国的地位对比，证券投资项目的开放程度远远不够。同时，我国直接投资的输出远低于输入。对标高标准国际经贸规则，我国金融业的制度型开放水平尚有提升空间，在完善现代金融监管，在优化市场化、法治化、国际化营商环境等方面，还有很长的路要走。

五、新发展阶段金融市场供给侧结构性改革的背景与内涵

(一) 金融市场供给侧结构性改革的背景

立足于我国经济发展新常态,也考虑到世界经济的增长周期,我国开始启动了供给侧结构性改革。2015年12月,中央经济工作会议明确提出实体经济要"去产能、去库存、去杠杆、降成本、补短板"。供给侧的结构性改革对我国金融领域提出了更高的要求,推动了金融行业的转型升级。

2019年2月,针对新形势下金融服务实体经济能力亟待提升的严峻现实,习近平总书记在中央政治局集体学习会上明确提出"要深化对国际国内金融形势的认识,正确把握金融本质,深化金融供给侧结构性改革"。2021年3月,《中华人民共和国国民经济和社会发展第十四个五年规划和2035年远景目标纲要》发布,对于我国未来的金融工作进行了全面部署,而其中的核心就是深化金融供给侧结构性改革。

金融供给侧结构性改革,是要从基本面、结构性和制度的角度进行改革,目的是矫正资金错配问题,扩大资金的有效供给,提高资金配置质量。金融供给侧结构性改革的范围包括金融基础设施、融资方式、资本市场、货币供给、利率供给金融市场开放等多个方面,实现金融结构调整,以提高资金需求与资金供给之间的适应性。

我国长期以来就存在科技型企业、中小企业融资难、融资贵的问题,金融支持还显现出脱实向虚的倾向。要想让金融更好地为实体经济服务,避免和减少系统性金融风险,短期货币、财政政策调控是有必要的,但起更主要作用的是结构性、基础性问题,这只有通过深入的供给侧结构性改革才能从根本上解决。

(二) 金融市场供给侧结构性改革的必要性

1. 金融市场供给侧结构性改革是实体经济供给结构性改革的延续

自2015年实体经济启动供给侧结构性改革"去产能、去库存、去杠杆、

降成本、补短板"以来，实体经济领域取得明显成效。之后，金融"去杠杆"措施也取得比较大的进展。但是，以前的金融改革或金融创新有脱实向虚的倾向，在某些领域问题比较严重。金融是要为实体经济服务的，金融与实体经济存在共生共荣的关系。在实体经济供给侧结构性改革取得初步成效后，金融市场的滞后性成为制约其走向未来深水区的重要因素。金融市场供给侧结构性改革的重点在于服务实体经济，深化金融领域改革是实体经济供给侧结构性改革的延续，也是对实体经济供给侧结构性改革的完善和优化。

2. 金融供给结构失衡问题倒逼金融供给侧结构性改革

近年来，我国经济的金融化程度日益加深，金融业增加值也逐步提升，但金融结构失衡的形势一直都存在，突出表现在三个方面。

首先是中小企业、民营企业融资难、融资贵。我国中小企业占全国企业总数超过90%，贡献了60%左右的GDP，缴纳了超过50%的税收，提供80%以上的就业岗位。而国有企业获得了大部分信贷资源，中小企业、民营经济长期存在融资难、融资贵问题。中小企业、民营企业在保障就业、促进消费、增加税收、推动经济繁荣等方面起到了至关重要的作用。金融市场有责任通过供给侧结构性改革，为其提供有效资金供给。

其次是新产业、新业态对于直接融资的要求尚未得到满足。随着供给侧结构性改革的不断加深，我国的新产业、新业态、新商业模式不断涌现，且发展极为迅速，占国内生产总值的比例正逐步攀升。新经济在我国经济中占据越来越重要的地位，我国经济增长驱动力正在发生转换。但是，正处于初创阶段的新经济企业，规模小，有形资产数量少，存在较高的创新失败的风险。同时，这些企业信用记录尚未积累，且有可能存在财务不规范、信息不对称问题。新经济企业的上述特点使之很难进入传统信贷的准入门槛。因此，新经济企业更倾向于直接融资，期望从股权市场等直接融资渠道获取资金支持。

最后是间接融资发展不平衡，不能满足差异化、个性化的融资需求。我国仍以间接融资为主导，商业银行等金融机构在资源配置方面起到举足轻重的作用。我国金融行业的总体规模在扩大，但是国有大型商业银行服务呈现明显的同质化，经营模式比较粗放。中小银行，尤其是民营银行相对发展缓慢，服务的专业化、多样化程度不高。随着供给侧结构性改革的不断加深，我国市场经济发展迅速，出现了丰富多样的市场主体。不同市场主体的融资需求呈现出差异化特征，对金融机构提出了更高层次的要求。另外，我国金融机构的个人金融服务发展很不充分，能够提供给个人的金融产品和服务同质性强、种类偏少、质量良莠不齐，缺少个性化的服务，不能满足人民对多元化、个性化金融产品和服务的需求。

3.金融供给侧结构性改革是防范重大金融风险的需要

近年来，金融领域风险急剧上升。房地产企业普遍面临资金链断裂风险，债券违约频频出现。地方政府隐性债务从规模到占GDP比例都大幅度增长。众筹、P2P等互联网金融产品缺少相配套的监管制度，不断爆雷。部分融资平台纷纷关停、倒闭等，引发兑换危机，引起社会信用崩塌。在利率市场化和监管漏洞的背景下，资管产品、银行理财产品规模快速发展，但存在多层嵌套、期限错配、资金空转等现象。多种因素交叉影响下，资金供给呈现无效或低效状态，金融风险不断涌现，影响到金融市场服务实体经济作用的发挥，也容易给经济造成下行压力。因此，金融领域的深化改革势在必行。

（三）金融市场供给侧结构性改革的重点方向

1.加速金融领域转型升级

创新驱动环境下，实体经济的创新风起云涌，产业结构向高级化、合理化方向推进。金融市场可为技术创新、实体经济发展提供支持，也可以为欠发达地区或小微企业提供助力。金融市场不光具有调整实体经济产业结构、推动产业升级的功能，就金融领域本身而言，有必要与时俱进，运用创新思维转型升级，更好地服务于实体经济。因此，有竞争力的、高度适应性、普惠性现代金融体系的建立势在必行。金融机构应当利用现代技术，创新金融模式，开发金融产品，从而提高金融行业服务效率，提升金融服务能力。同时，应当建立普惠的融资体系，提高金融服务的可获得性，使金融资源覆盖更多困难企业和弱势群体。

2.高效防范金融风险

金融领域属于资金最为密集的领域，金融风险防范是需要关注的首要问题。逐利是金融领域的基本特征，而收益又与风险为伴，平衡业务创新发展与风险防范的矛盾是金融领域一直要面对的难题。加强金融监管、防范金融风险对保障我国金融稳定、实现经济高质量发展具有至关重要的作用。因此，金融市场供给侧结构性改革中，要把建立健全现代金融监管体系、补齐监管短板放在前面，在这个基础上再考虑金融创新的问题。在控制好自身风险的基础上，金融行业还可以向实体经济提供风险转移、风险共担机制。但如果金融机构不能控制好自身风险，就无法对实体经济进行有效的金融支持，也不可能输出风险管理。

3. 明确市场化改革方向

金融供给侧结构性改革，应当是市场化改革，而不是行政性改革。通过市场化机制建设，才能提升金融的有效供应能力。因此，有必要完善央行政策利率体系，发挥贷款市场报价利率基准作用。通过健全市场化利率形成和传导机制，将央行政策利率向贷款利率和存款利率的顺畅传导，可以更好地实现金融资源的优化配置。金融供给侧结构性改革，最重要的是树立以市场化机制为主导的改革观念，行政性机制是市场化机制的补充。

4. 让开放理念成为金融的助力

金融供给侧结构性改革，应当是开放式改革，而不是封闭式改革。与发达的市场经济国家相比，我国金融业的发展还有差距，在金融服务实体经济方面的功能远未充分发挥，距离有效金融供给能力的目标任重道远。

市场开放是提升我国金融市场有效金融供给能力、加强金融体系风险管理的重要途径。因此，我国金融业的发展还需要以改革开放为导向，让开放理念成为我国金融领域改革的助力。只有健全具备有效供给能力的金融体系，才能够从容应对和管理各种不确定事件和意外冲击。面对中美贸易摩擦，面对金融领域的竞争，走向封闭不是解决问题的出路。只有做大、做强我国的金融体系，才能增强我国金融稳定的能力。因此，最大的风险是我们因害怕风险不敢继续进行市场开放，而与发达市场经济脱钩。未来金融供给侧结构性改革的方向应当是继续顺应全球化形势，通过创新驱动放大我国金融市场的开放性，让开放理念成为我国金融体系建设的助力。

六、我国金融市场的发展趋势

创新作为推动进步的核心力量，在构筑现代化经济体系方面具有至关重要的战略意义。在经济结构的转型升级、金融领域蓬勃发展以及金融市场适应性变革的全过程中，创新一直是不可或缺的战略要素。激发社会各界的创造热情、推动新旧动能的转换，是确保经济更优质、高效、公平及可持续增长的根本与源泉。为实现经济增长模式由投资主导向"消费为基础、投资为关键"的转变，创新不仅是转型的先决条件，也是其核心动力。而体制的改革则是创新不可或缺的基石，即从政府主导向市场发挥决定性作用、优化政府作用的资源配置模式转变，形成政府与市场相互促进的良性循环机制。因此，服务于创新，并实现金融市场的创新，应成为未来金融体系建设的首要任务。

（一）全面推进市场化资源配置机制

深化金融体制改革是建立健全金融市场体系的必由之路。金融体制改革的核心在于转变政府主导的金融资源配置方式。要实现市场化的金融资源配置，不仅要实现汇率、利率的市场化，还要改革股票、债券的发行和交易制度。当前阶段，股票市场的注册制改革已卓见成效。但债券市场的改革还任重道远，迫切需要采取切实有效的措施来统一处于长期分割状态的债券市场。

（二）协同发展基础性金融市场与创新改革

我国在积极推进创新改革和对外开放的过程中，需要特别关注基础性金融市场的平衡发展。健康、规范的货币市场和多层次资本市场是实现金融市场体系高效资源配置和服务实体经济的基础，也是金融市场体系改革创新及扩大开放的关键。如果基础性金融市场的发展未能跟上步伐，可能会对金融创新带来风险隐患，从而对市场的长期稳定造成损害。在这种情况下，扩大金融开放可能引发外部冲击，对经济发展安全构成威胁，同时也会影响国际竞争力，使国际竞争变得难以展开。因此，确保基础性金融市场的协同发展是当前改革开放过程中的重要任务。

(三) 优化改进监管服务

在推进市场化改革的过程中,需要强调监管机构在保持稳定和提高效率方面的关键作用。应该遵循"放管结合"的原则,有序推进宏观审慎管理体系的建设,以适应金融市场的最新动态和发展趋势,并对我国的金融监管架构进行改进和完善。自2016年起,中国人民银行开始实施宏观审慎评估体系,这一体系是金融监管框架,旨在进一步完善宏观审慎政策,有效防范系统性风险。2017年,国务院金融发展稳定委员会设立,进一步巩固这一思路,对于保障经济金融安全、控制金融系统风险、改进系统性风险监测监管处理机制、解决混业经营问题等有着重要意义。

在追求平衡稳定与效率之间,监管机构的责任是持续的。美国正在重新评估《多德-弗兰克华尔街改革与消费者保护法案》的有效性和适宜性,考虑是否存在过度监管,以免成为拖累经济活力和创新的障碍。与此同时,全球许多国家的金融监管机构对金融科技的崛起持支持的态度,在确保金融市场稳定和保护消费者权益的前提下,金融监管机构可以更好地理解和应对金融科技带来的挑战,推动金融科技的发展。

(四) 规范政府和国有企业行为

金融资源配置机制的优化不仅与金融体制改革紧密相连,还对推动经济体制改革和工作成效产生举足轻重的影响,尤其在规范国有企业和地方政府行为、推进改革措施等方面。根据转型经济学的研究,仅仅通过金融体制改革和价格手段来提高金融资源配置效率存在一定的局限性。因此,党的十九大报告强调清除废弃阻碍统一市场和公平竞争的规定和做法的重要性,以及支持民营企业发展和激发各类市场主体的活力。党的十九大报告还强调了破除过时的思想观念和体制机制弊端的重要性。可以看出,在党的十九大报告的原则指引下,国有企业将逐步消除官办色彩,成为市场竞争中的经济主体。同时,地方政府的举债融资机制也将逐步纳入规范的市场轨道。这些改革举措将有助于促进我国经济持续健康发展。

（五）重点发展直接融资体系

我们的金融市场目前更加依赖市场机制来分配资金，而非仅仅依赖于银行，这种转变有助于提高资金利用的效率。在这一过程中，我们需要按照党的十九大报告的要求，增加直接融资的比重，即让企业更多地通过股市直接向公众筹集资金。同时，我们还要发展多样化的金融机构体系，并确保资本市场的公开、透明和规范。清明和正直的政治环境将增强股票市场的公信力和吸引力。此外，通过股市制度的改革、居民投资方式的调整，以及养老保障等配套措施的实施，这些改革将进一步推动我国股市的发展，增加股市的市值和上市公司的数量。

从先进国家的经验来看，债券市场在资本市场中的地位比股票市场更为重要。近年来，我国债券市场发展迅速，虽然总体规模还不及美国，但增长速度已经是美国的十多倍，这要归功于我国在地方政府举债、高收入债券等方面的改革。

从长远来看，股权投资的发展有助于全社会更好地利用金融资源，纠正当前市场融资问题，平衡直接融资和间接融资两大体系的流动性水平，并通过市场机制和产品定价规则提高金融资源的利用效率。股权投资不仅可以与间接融资形成互补，还能对多层次资本市场的健康发展起到推动作用。此外，发达国家和地区的经验告诉我们，单靠股市并不能满足众多企业的融资和发展需求。

（六）扩大金融业双向开放

金融开放作为金融发展的战略方向之一，要实现金融业的双向开放，需要在"引进来"的同时注重"走出去"。"引进来"指的是吸引外资进入中国市场，可以通过推进资本项目可兑换性和人民币加入国际货币基金组织的特别提款权篮子来实现。这样，人民币就可以成为国际货币，可以在全球更广泛地使用和储存，增强其国际地位。

"走出去"则是指鼓励中国资本和企业"走出去"，到国际市场上进行投资和运作。这包括放开境外投资、资金运用和境内外资本市场投资，从而为中国的对外直接投资和证券投资提供更大的增长空间。

同时，政府在金融开放中扮演着重要角色。政府应以实现国际收支基本平衡为目标，加强对国际收支的监测。这种平衡指的是经常项目和资本项目的总体平衡。在开放的同时，中国需要规避全球金融风险的蔓延和影响，因为不同国家应对经济危机的政策和恢复速度的差异，使关键货币的汇率波动和全球资金流动更难以预测。

因此，金融业的对外开放必须"渐次展开、顺序推进"，遵循一定的基本原则，确保在开放的过程中能够控制风险，促进金融市场的稳定和健康发展。

第3节
我国科技金融发展历程及趋势

一、我国科技金融的发展历程

在过去的40年里,我国科技金融实践经历了从《中共中央关于科学技术体制改革的决定》到《国家中长期科学和技术发展规划纲要(2006—2020年)》再到当前的《国家中长期科学和技术发展规划纲要(2021—2035)》的不断演进。随着科技创新的推动,科技金融已从最初的政府政策业务阶段逐渐晋升为国家战略层面的重要组成部分,成为双轮推动的核心内容,实现了显著的跨越式发展,为创新经济的繁荣做出了显著贡献。

改革开放以来,科技金融领域经历了剧烈的变革和发展。随着科技的不断进步,金融行业利用新兴技术,如人工智能、区块链、云计算和大数据等,实现了服务效率的提升和金融业务的创新。

结合当前金融业态和发展趋势,我国科技金融发展历程呈现出从萌芽到深度融合五个阶段性特征,反映了改革开放以来我国在经济、科技、金融领域对科技金融政策的设计和实践的不断深化。在未来,科技金融将继续发挥其在推动金融业转型升级、服务实体经济、促进经济高质量发展等方面的重要作用。

(一)萌芽阶段(1978—1984年)

在这一阶段,我国开始尝试运用科技信贷、财政支持、政策性金融和科技保险等手段,支持科技型企业发展。这一阶段主要以科技信贷和财政支持为主,金融对科技的支持相对单一,科技金融政策尚未形成完整的体系。1979

年，在邓小平同志的指导下，银行开始发挥关键性角色，我国开始尝试将银行信贷与科技发展相结合，为科技型企业提供贷款支持。随后，国家启动财政体制改革，加大在科教文卫等领域的财政支出比例，加强对企业技术开发的资金支持。此外，我国开始尝试设立政策性银行，专门为科技型企业提供金融服务，并设立了科技发展基金、科技奖励基金等，通过财政资金引导社会资本投向科技领域。在这个阶段，科技金融逐渐崭露头角，为后续科技金融政策的逐步完善和发展奠定了基础。

（二）起步阶段（1985—1996年）

在这个阶段，我国开始重视金融对科技发展的支持作用，政策逐渐体系化，金融产品和服务开始向科技领域渗透，科技金融开始成为国家战略的重要组成部分。

在这个阶段，国家颁布了一系列政策和法律，为科技金融的发展提供了政策支持。此外，1993年颁布《中华人民共和国科学技术进步法》，1996年颁布《中华人民共和国促进科技成果转化法》，这两部法律的颁布保障了经济与科技之间的融合发展以及科技金融实际工作的开展。这一时期，科技金融的主要形式包括科技贷款、财政贷款贴息以及初步发展的风险投资等。这些政策和法律的出台推动了科技与金融的融合，也为我国科技金融的发展铺平了道路。

（三）多元探索阶段（1997—2005年）

我国科技金融政策逐步走向多元化，注重市场机制的作用，金融创新活跃，科技金融产品和服务日益丰富。在这一阶段，科技贷款开始发放，风险投资、开发性金融开始出现，政府开始采用财政科技投入的方式支持科技创新，中小板、企业债券也相继推出，科技金融方面的这些实践探索促进了科技和经济的发展。

从具体事件来看，两期捆绑式国家高新区企业债券在1997年、2003年相继发行。中国国家开发银行向创业投资机构发放了软贷款。1999年，国家设立了科技型中小企业技术创新基金，旨在促进科技成果的转化和产业化。同一年，风险投资的相关政策出台，我国风险投资行业迎来发展机遇。2004年，中小企业板在深圳证券交易所设立，打开中小企业的上市融资渠道。2005年，《创业投资企业管理暂行办法》发布，鼓励创业投资企业对中小企业，尤其是中小高新技术企业进行投资。这些政策和措施为我国科技金融的发展提供了助力。

（四）快速发展阶段（2006—2013年）

在2006年至2013年，我国科技金融政策进入了一个快速发展阶段。在这个阶段，国家颁布了一系列重要政策文件，明确了科技发展的远景目标和重点任务，并制定了一系列促进科技发展的政策措施。其中，科技金融政策得到了特别强调，成为推动科技创新和经济发展的重要手段。

2006年，国家颁布了《国家中长期科学和技术发展规划纲要（2006—2020年）》，首次明确提出要推进创业板市场的建设，建立多层次资本市场体系。此外，国家还强调要用财政资金引导政策性金融、商业性金融资金进入创业风险投资市场，助力科技创新和科技型企业发展。

2009年，原中国银行业监督管理委员会、科学技术部联合发布《关于进一步加大对科技型中小企业信贷支持的指导意见》，要求加强科技资源和金融资源的结合，明确了科技部门与银行业监管部门的合作机制。

2010年，科学技术部、中国人民银行等五部委出台《关于印发促进科技和金融结合试点实施方案的通知》，重点内容包括加强银行业金融机构信贷支持、建设多层次资本市场，进行财政科技投入方式的创新等。

2011年，科学技术部、财政部等八部委出台《关于促进科技和金融结合加快实施自主创新战略的若干意见》，推进科技和金融的加速融合，强调科技金融在自主创新能力提升、创新型国家建设方面的作用。

总之，2006年至2013年，我国科技金融快速发展，表现在财政科技投入方式优化、社会资本引导基金和母基金模式出现、信贷担保多样化以及资本市场推出各种科技金融服务平台等。这些举措奠定科技、经济协同发展的基础，也推动了科技与金融的深度融合。

（五）深度融合阶段（2014—2020年）

这一阶段，供产业链、创新链和资金链融合成为发展基调，科技金融成为创新体系的重要部分。受供给侧结构性改革和国家创新驱动发展战略影响，科技金融发展迅速。《关于大力推进体制机制创新 扎实做好科技金融服务的意见》《国务院关于扶持小型微型企业健康发展的意见》等一系列政策文件发布和实施，推动科技和金融的深层次结合，科技金融在实践中发展和完善。

在这一阶段，得到"互联网+"、大数据等的技术支持，科技金融工具和产品不断创新和迭代，科技金融在金融风险防范方面取得深度进展。在市场化和受社会资本的驱动下，科技金融加速度发展。科技信贷规模增长、品种增多、科技金融服务平台运作趋于成熟，投贷联动在设计、实践方面有突破性进展，多层次资本市场的建设趋于完善。

二、新发展阶段我国科技金融发展的未来展望

《国家中长期科学和技术发展规划纲要（2006—2020年）》刚刚落幕，同时《国家中长期科学和技术发展规划纲要（2021—2035年）》的规划布局已经启动。在这一时刻探讨我国科技金融的未来发展，既有意义，又充满挑战。

通过回顾科技金融的发展历程，我们可以展望未来的发展图景。根据房汉庭教授的观点，在新发展阶段，我们可以把科技金融看成一种不同的新型金融。这体现在三个方面：首先，它是基于金融科技领域的一系列颠覆性技术创新、突破性技术创新和新技术创新的新金融，具有明显的未来产业特征；其次，它是基于技术资本化和金融资本高能化，为赋能创新驱动发展而设定的新范式，具有明显的未来使命特征；最后，它是基于数字经济时代中所有个体数字孪生化现实的新业态，具有明显的信息革命特点。科技金融的未来可以从以下三个角度描绘。

（一）未来科技金融集成中心

科技金融在过去的发展历程中，每个金融机构和各种金融工具对市场和

客户的感知能力都受到了限制，信息的采集、传输和处理也受到了有限样本和信息的限制，因此难以做出及时、精准的市场决策。在新一代信息技术的支持下，建立超越个体金融机构和金融工具的科技金融集成中心的条件已经完全成熟。

未来的科技金融集成中心要具备三大功能：首先是卓越的信息精准采集能力，借助互联网的普及，无论是半编码信息还是编码信息都可以全面采集。全面采集的信息能力可确保不会漏掉任何风险或收益因素，为科技金融的决策提供强大的数据支持。其次是卓越的信息快速传输能力，特别是在5G网络技术商用化后，信息传输的容量和时延几乎可以忽略不计，确保每个比特都能及时送达科技金融的大脑。最后是卓越的信息高速处理能力，随着算法的不断优化和算力的增强，尤其是人工智能的快速迭代，科技金融集成中心在信息处理方面要具备智能化、规模化、精准化的能力。

（二）未来的科技金融终端

未来的科技金融终端将不再追求规模化，而是更加符合"专精特新"的特点，成为更为专业化的科技金融机构。这种终端将可能专注于服务科创企业某个成长阶段的融资需求，也可能专注于提供某一种金融产品服务。传统的百货公司式科技金融终端将逐渐淡出，取而代之的将是电商式的科技金融终端。科创企业的金融订单式需求将成为科技金融发展的动力源泉，科技金融终端和科创企业将共同在科技金融集成中心的生态系统中生存和发展。

（三）未来的科创企业及科创产业

未来的科创企业的所有行为和活动都将记录在科技金融集成中心。因此，无论科创企业处于哪个发展阶段、规模大小，当它们需要融资时，都可以直接向未来的科技金融集成中心发出指令。在风险和收益评估完成后，以订单形式分发给科技金融终端。科技金融终端在收到来自科创企业或科创产业链的订单后，无须进行客户调查和评估，可直接执行，确保订单能迅速完成。

在新的发展历程中，我国社会主义初级阶段的阶段性划分和时限得以明确。从2021年至2049年，是社会主义初级阶段后半程，而后半程的目标是全面建成社会主义现代化强国。党的十九大为全面建设社会主义现代化国家规划了时间表和路线图，提出了"两步走"战略新规划。预计到2035年，我国将基本实现现代化，到2049年，将达成社会主义现代化国家的目标。新发展阶段，科技金融发展也步入了颠覆性创新的历史新阶段。只有顺应数字经济、创新驱动的科技金融创新，才能引领我国走向现代化强国的道路。

第❸章
京津冀协同发展战略

第1节
京津冀协同发展战略的提出及主要内容

一、京津冀协同发展战略的提出

党的二十大报告中提出，深入实施区域协调性发展战略，目的在于解决城市发展的不平衡不充分问题，未来城市的发展将以城市群为主要载体。鼓励发挥和充分释放中心城市强有力的发展动能，超越主城区范围，渗透到更广阔的空间中，带动城市周边发展，既可以解决区域发展不平衡问题，也有利于解决"大城市病"问题。一直以来，京津冀城市群存在的核心问题是大城市对小城市产生的扩散效应远不及极化效应。京津冀地区内部存在着严重的发展失衡问题，北京对河北的虹吸效应要大于辐射效应，常见的有三种观点：一是两者的产业关联性差；二是主导产业自身特点；三是因拱卫首都的替代效应。如河北虽然缺水但也要为首都供水；北京治理空气，就减河北产能等。因此，北京对河北的虹吸大于辐射的根本原因是不积极与北京之间建立双向的联系。这个问题不是无解，而是河北要主动求解、主动作为。

2014年，京津冀协同发展逐步上升为重大国家战略层面。2015年，《京津冀协同发展规划纲要》正式印发，该纲要对北京、天津和河北做了不同定位，同时确定京津冀协同发展的总目标为：前期到2017年，陆续疏解北京非首都功能，在交通一体化、生态环境保护、产业升级转移等方面达成共识，要符合协同发展目标，并且现实急需、具备条件，能够取得共识。深化改革方面、驱动创新方面、试点示范方面都能有序推进，才能更好地达到协同发展的效果。中期到2020年，要想解决北京"大城市病"等突出问题，必须在常住人口方面进行控制，理想状态是2 300万人为宜，这样才能得到缓解。在区域一体化交通网络方面，也基本上形成了一个完整的体系，产业联动发展方面取得重大进展，生态环境质量方面得到有效改善。要想京津冀协同发展、互利共赢达到新局面，公共服务共建共享必须取得积极成效，减小区域内发展差距，协同发展机制才能有效运转。远期目标到2030年，京津冀区域一体化格局形成，首都核心功能更加优化，生态环境质量总体保持良好，区域经济结构更加合理，公共服务水平趋于平衡，国际竞争力和影响力得到进一步提升，在全国经济发展中起到引领和支撑的作用。

京津冀所在位置为东北亚经济圈的中心地带，连接着欧亚大陆桥，其战略地位、区位优势和人文格局不仅是重要的发展背景，也决定了京津冀对外开放的战略意义。在经济全球化和市场一体化加速背景下，2014年2月，习近平总书记提出"实现京津冀协同发展是一个重大国家战略"，明确了京津冀协同发展的方向，并为其指明了道路。京津冀协同发展应从国家发展的高度来看，顺应发展需求，在国家重大发展战略问题上，发挥重要意义。

推进京津冀协同发展是以习近平同志为核心的党中央作出的重大战略部署，2015年，中央审议通过《京津冀协同发展规划纲要》，同年6月纲要印发，随后，全国首个跨省级行政区的京津冀"十三五"规划印发实施。2017年4月1日，党中央决定设立雄安新区，作为深入推进京津冀协同发展战略中的重大决策被提出并迅速进入实施阶段。2017年9月29日《北京城市总体规划（2016—2035年）》发布，部署中指出，大力支持雄安新区规划建设，并做出相应的安排。显然，京津冀地区的发展战略地位之重要，不可忽视。

当前京津冀区域总人口已超过1.1亿人，占中国人口总量的8%以上，京津冀三地国民生产总值超过10亿元，约占全国GDP的8%。京津冀地理位置重要，位于环渤海的心脏地带，从规模上来看是最大的、充满活力的地区。但同时，京津冀地区的生态环境遭到严重的破坏，打破了城镇体系发展的平衡性，拉大了区域与城乡发展间的差距，出现这样的问题，需要及时地进行协调。推进区域发展体制机制创新，实现京津冀协同发展、创新驱动，打造新型首都经济圈，具有重要的战略意义。京津冀空间协同、健康发展在全国城镇群和地区的可持续发展中，也具有重要的示范意义。

北京作为中心首都城市的特殊地位，城市的发展离不开城市规模的扩大，城市交通、空气环境等方面的压力负荷增大。城市功能由多功能型向单一功能型转变，在分工与协作方面，这一形式的转变会对京津冀城市群产业产生重大影响。京津冀区域有必要进行规划，协同发展、密切合作以促进京津冀三地的发展。

北京是北方经济发展的重要组成部分。近年来随着经济快速发展、城市规模日益扩大，满足不了基础设施的配套要求，再加上环境变化等方面的压力也在逐步增大。为了缓解相关压力，产业结构有待转型，城市功能和定位必须进行转变，迫切希望能够找到合作者，能够给予支持和协作。而天津，京津间的城市化功能转换变缓，金融中心与"总部经济"之间存在多种重叠影响，如城市合理的定位、现代化的制造业、科技研发等。河北，集聚能力和扩散能力欠缺，各方面的生产要素聚集不佳，城市极化效应不够，尚未形成跨省、跨地区的经济中心城市集群。由于北京和天津具有显著的地理位置，政治、经济地位和科技方面的综合实力较强，具有城市集聚力和扩散力等方面优势，能够拉动周边地区经济发展和城市群的形成。这是河北要充分重视、善加利用的发力点。

一般情况下，产业发展、协同创新和优化发展环境构成了区域经济发展的三个基本要素。进一步加强和加深京津冀区域协作，需要获得各方面的有利条件，如需要具备天时、地利、人和等，这样才能使合作和协同发展成为大趋势。只有协同合作，才能实现共赢；只有共同获利，才可共同发展。因此，推动京津冀协同发展，京津冀三方应根据自身实际情况共同谋划一体化协调发展大计。

二、京津冀协同发展战略的主要内容

改革开放四十年来，北京综合经济实力实现了跨越式的发展。北京已经发展成为全国的政治中心、科技创新中心、教育文化中心、国际交流及金融发展中心，以及研发服务和高科技产业聚集区。在经济发展与生态环境之间极易产生冲突和矛盾，影响北京进行可持续发展的因素有多种，主要因素包括人口和非首都功能呈现出过度聚集的现象。只有在城市功能和人口空间上进行合理调整和布局，京津协同发展战略才能有效实施，这也是实现城市化和创新驱动发展相结合的主要途径。

从京津都市圈的未来发展趋势看，京津地区将会进一步推进产业升级和转型，快速推进传统产业向高端制造业、现代服务业和创新科技产业的发展。京津地区属于科技资源和人才最为密集的区域。而北京作为文化中心等多功能定位地区，拥有人才、研发、信息等方面的资源优势，还具有金融、教育和高科技产业聚集等优势，北京与天津、河北之间做好、做实协同发展，更有利于北京行稳致远。

京津冀协同发展战略的主要内容包括以下七个方面。

（一）区域一体化发展

通过加强区域内城市之间的合作与协调，推动京津冀地区的一体化发展，实现资源优化配置和产业协同发展。

实施京津冀协同发展战略，在改革发展的过程中起到重要的推动作用。通过以首都为核心的城市群建设，有效构建全方位、区域一体化的发展规划，促进京津冀协同发展的竞争力提升，助力京津冀区域进入一个新阶段，即高质量发展阶段。

2019年，《国家发展改革委关于培育发展现代化都市圈的指导意见》（以下简称《意见》）的出台为京津冀的城市群高质量发展、经济转型升级提供了政策支撑。《意见》中提出京津冀的发展目标是：要强化城市间产业分工协作、推进基础设施的一体化建设、生态环境共保共治得到强化、要加快建设统一开放市场的发展、逐步构建都市圈一体化发展机制、公共服务共建共享有序推进。

2019年8月16日，国家发展改革委举行的例行发布会指出：都市圈的发展要以常态化协调机制形式进行，区域内协同发展的一体化能够得到有效支撑，集聚功能有序发展，带动区域的持续发展，增强利益共享和成本共担两方面的机制。随着京津冀经济协同发展的推进，一个全新主体呈现在城市群领域，城市群体化将更好地为参与区域和国家经济活动服务。城市群一体化，将促进京津冀区域发展顺应全球经济发展的大潮流。

（二）打造国际化创新高地

以科技创新为引领，加快建设国际化创新中心，通过加强科技研发和产学研合作，提升京津冀地区的科技创新能力和竞争力。

（三）构建绿色低碳发展体系

推动京津冀地区的绿色发展，加快推进能源结构调整和环境治理，建设低碳产业体系，提升资源利用率，提高环境保护水平。

（四）优化交通网络

加强京津冀地区的交通基础设施建设，优化交通网络布局，提高交通运输效率，创造更加便捷高效的交通出行条件。

（五）促进人才流动与就业

推动人才在京津冀地区的流动和就业，加强人才培养和引进，建设人才创新创业平台，提升人才资源的集聚和利用效率。

（六）加强社会事业合作

京津冀地区社会事业的协同发展，需要加强教育、医疗、文化等领域的合作与交流，提高区域服务水平和人民生活质量。

（七）推动农业现代化

加快推进京津冀地区农业的现代化发展，农业科技水平和农业产业化水平的提高，以及农业综合竞争力和可持续发展能力的提高。

这些内容的实施将有助于推动京津冀地区的协同发展，从而优化资源配置，提升京津冀区域的整体经济发展水平，改善区域环境和人民生活质量。

第2节
京津冀协同发展战略实施进展与发展趋势

一、京津冀协同发展战略实施进展

2014年，京津冀协同发展已经上升到新的高度至国家战略层面，自此京津冀开启"一核两翼"新格局。作为京津冀协同发展战略的核心内容和关键支撑，9年来产业协同跃上了新台阶。

产业结构调整步伐加快。京津冀三次产业结构从2013年的6.2∶35.7∶58.1转变为2022年的4.8∶29.6∶65.6，产业结构优化升级成效显著。其中，北京产业结构呈现高精尖特征，2022年第三产业增加值占比达83.9%，高技术产业与战略性新兴产业的GDP占比较重，其增加值均接近三成。天津在推动产业结构升级的同时大力发展新兴产业，2022年高技术制造业投资同比增长10%，全市制造业投资比重与上年相比，提高了3.2个百分点，效果明显。战略性新兴产业投资也增长了7.3%，全市投资比重与2021年相比，提高了4.6个百分点。2022年河北三次产业结构为10.4∶40.2∶49.4，先进制造业和现代服务业对经济增长的双引擎作用突出。

产业转移承接向纵深推进。以平台建设为抓手，京津冀产业转移加速推进，基本形成了"京津研发、河北制造，北京研发、津冀转化"的空间布局。天津集中打造将综合承接平台和专业承担平台相结合的"1+16"承接体系，2022年吸引京冀投资额1 989.4亿元，引进北京投资新设机构1 406家，新的重大项目有318个已经落地。河北重点打造重点承接平台体系，到2021年末，承接京津转入法人单位累计有2.9万个、产业活动单位1.1万个。

产业互补"链动"融合加速。京津冀三地充分发挥自身比较优势，明确产业分工体系，通过重点产业间互补融合，提高产业链、创新链、供应链的融合度和稳固度，形成立足北京、辐射津冀的产业协同集聚区。北京基于研发优势，重点发展高精尖产业，积极培育和发展新一代信息技术、智能网联汽车、智能制造与装备等重点产业链；天津基于制造优势，通过构建"1+3+4"现代工业产业体系，重点打造集成电路、车联网等核心产业链；河北围绕产业链现代化，谋划布局"4+4+3+N"产业体系，重点发展钢铁、装备制造等优势产业链。通过重点产业链分工配套和联动发力，目前三地已实现汽车全产业链发展、智能终端产业链进一步拓展、新能源装备产业链引领全国，重点产业同频共振和互补融合让三地产业协同水平迈上新高度。

数字经济成为增长新引擎。随着数字技术和传统产业渗透交融，以数字经济为代表的新兴经济成为京津冀协同发展的关键动力，助推三地初步形成"产业链、创新链、资金链、人才链"之间的四链融合，以及协同发展的现代产业体系。2021年，京津冀数字经济规模庞大，占比为全国的10%左右，已经超过4万亿元。2015—2022年，北京数字经济增加值从8 719.4亿元增加到17 330.2亿元，占GDP比重超四成；2023年，天津数字经济增加值高于55%，占GDP比重达一半多；2021年，河北数字经济规模能达到1.39万亿元，增长幅度为15.1%，占GDP比重达34.4%。三地数字经济主导地位持续增强，并通过建立京津冀一体化的核心数据枢纽和数字经济联盟，实现数字经济与实体经济的有效合体。

创新共同体建设成效显著。为进一步推动京津冀产业创新格局向更高水平迈进，三地不断拓展重点领域合作深度，初步建立了定位明确、开放共享、高效协同的创新共同体。首先，深化金融协同发展，建立京津冀投融资协同共享机制，同时设立京津冀投资基金协同发展产业，助推京津冀科技成果的转化，设立创业投资基金。其次，加快创新要素跨区域流动，三地实施专业技术人员职称资格互认、共享创新平台资源、共享大型仪器设备资源等组合拳，为提高创新资源配置效率提供了坚实支撑。再次，加快建立京津冀国家技术创新中心，联手打造先进制造业集群。2014年以来，北京流向津冀技术合同成交额累计超2 100亿元，国家先进制造业集群中包含京津冀共同申报的"京津冀生命健康集群"，等等。

未来推动京津冀产业协同发展向广度深度拓展,一要依靠创新驱动,聚焦高技术产业和战略性新兴产业优势领域,围绕北京创新链布局优化津冀产业链。二要重视信息技术产业,依托数字经济驱动产业融合发展。打造京津冀数字技术协同创新共同体,借助北京在科技创新、数字技术、高端人才上的优势,推动天津先进制造业进一步高端化、集群化、智能化发展,加快赋能河北传统制造业,提高先进制造业比重。三要强化体制机制创新,加强高校、科研院所、企业科技成果协同转化能力建设,不断完善科技成果转化服务体系和金融体系。

京津冀一体化战略实施以来,分别取得了以下的成就:

（1）区域一体化发展:京津冀三地加强合作,分别在土地利用、产业布局、公共交通等方面,推动了区域一体化发展。例如,京津冀城际铁路的开通,大大缩短了三地之间的交通时间,促进了人员流动和资源配置。

（2）国际化创新高地:京津冀地区加快建设国际化创新中心,吸引了大量的科技创新企业和高端人才。北京的中关村科技园、天津的滨海新区以及河北的雄安新区等高新园区的建设取得了一定成效。

（3）绿色低碳发展体系:京津冀地区加强环境治理,推动了清洁能源的使用和能源结构的调整。例如,天津和河北推行了煤改气、煤改电等措施,大大减少了大气污染物的排放。

（4）交通网络优化:京津冀地区加快了交通基础设施建设,推动了交通网络的优化。例如,京津高速铁路、京沪高速公路等交通项目的建设,提高了区域内外的交通连接。

（5）人才流动与就业促进:京津冀三地加强人才引进和培养,推动了人才在区域内的流动和就业。例如,天津和河北设立了人才引进计划,吸引了一大批高层次人才到京津冀地区工作。

（6）社会事业合作加强:京津冀三地加强了教育、医疗、文化等领域的合作与交流,提高了社会服务水平。例如,北京与河北合作建设了多个医疗合作项目,提供了良好的医疗服务。

（7）农业现代化推进:京津冀地区提高了农业科技水平,以及提高产业化水平。例如,河北推行了农田水利工程建设,有效地实现了农业灌溉效率增长。

总体来说，京津冀协同发展战略的实施取得了一定的进展，但仍面临一些挑战，如城市竞争、环境污染等问题。未来需要进步加强合作，推动京津冀一体化战略的更全面、更深入的落实。

二、京津冀协同发展战略落地现状、问题及建议

（一）京津冀协同发展战略落地现状

1. 一体化交通网络构建

铁路方面，京张高铁、京雄城际北京段开通运营，京津冀轨道交通成网。公路方面，京礼高速北京段完工，京津冀三地高速公路断头路全部打通，标志着环首都"半小时交通圈"逐步扩大，京津保"一小时交通圈"顺利实现。

机场方面，2019年9月底，北京大兴国际机场建成通航，标志着北京进入航空"双枢纽"时代。

2. 在生态环境协同治理方面，取得了阶段性成果

为了使空气质量持续得到改善，三地全面落实京津冀区域大气污染及防治协作机制。2019年，京冀两地PM2.5年平均浓度分别同比下降17.6%和5.8%，为6年来的最好水平，天津重污染天数由2013年的49天减少到15天，效果明显。生态建设方面，三地继续推进各项生态工程，2019年1月至11月，京津风沙源治理二期造林1.76万亩、封山育林23万亩，也取得了良好效果。

3. 产业升级转移取得进展

截至2023年，河北承接非首都功能取得明显成效，雄安新区本级注册登记企业数量增多，达到了3 190家，而这些企业多数来自北京本地。加快发展天津的新兴产业，国家的创新发展试验区获批，新一代人工智能进入市场。优势产业升级，汽车产量逆袭突破120万辆。另外，三地协同创新加速推进，创新成果有效地在京津冀三地进行转化应用。2019年1月至11月，京冀技术合同成交额得到提升，在北京输出超210亿元，累计超990亿元；2019年河北协同创新步伐的加快，共建省级以上的创新平台98家，吸纳北京技术合同成交额200亿元以上。

4. 公共服务共享进展显著

在医疗方面，相关部门的统计数据显示，京津冀医学临床检验有133家河北省内医疗机构与278家京津医院实现检验结果进行互认，互认项目增至36项。在教育方面，北京对口支持的雄安新区有4所学校全部挂牌，实现教育对接。

（二）京津冀协同发展现状中面临的问题

1. 城市间的发展不均衡

据国家统计局数据可知，2022年前三季度，京津冀实现地区生产总值7.2万亿元。其中北京、天津和河北分别为29 926.3亿元、11 896.1亿元和30 591.1亿元，按不变价格计算，同比分别增长0.8%、1.0%和3.7%，与上半年相比，分别提高0.1个、0.6个和0.3个百分点。同时，由于京津对河北的虹吸效应存在已久，京津冀发展水平差距悬殊，基础设施建设、公共服务水平和社会保障政策方面存在"断崖式落差"。

2. 产业协同中专业升级问题

产业承接平台布局分散，部分产业承接能力偏低，有同质化竞争倾向。京津冀共同确定了"2+4+46"的产业承接平台，天津提出了构建"1+16"承接格局，河北明确了4个特色专业平台、5个协同协作平台、33个个性化平台的承接平台体系。

3. 人口分布不均衡，人才单向流动

2022年，北京常住人口数量约为2 184.3万人，天津常住人口数量约为1 363万人，河北常住人口数量约为7 420万人。继2021年减少29.84万人，2022年人口流失规模进一步扩大，达到42.3万人。按照学界的观点，人口负增长一旦开始，将会持续较长时期。这意味着，吸引人口保持机械增长将是接下来地方竞速的发力重点，而继2017年"抢人大战"推动具有一定学历和技能的人口基本实现"零门槛"落户后，新一轮"抢人大战"又开始了。

4. 生态环境保护与补偿问题

京津冀面临的重大问题是资源和环境，这也是京津冀协同发展过程中遇

到的重大挑战，那么如何快捷实现京津冀的协同与可持续，交通拥挤和空气污染是需要解决的两大问题，需要对京津冀的生态环境进行协同治理。首先，由"3R"向"5R"的发展理念进行转变，呈现出再思考、减量化、再利用、再循环、再修复。其次，建立生态环境的补偿机制。对环境保护地区补偿标准确立标准核算形式，核算环境的支付成本和保护获得收益，核算污染环境地区应支付的生态补偿额度。最后，加强区域统一的环保标准和立法。京津冀地区在环保政策上的标准不统一，出现执法不严格等问题。由于我国的环境保护法律体系还不完善，京津冀环境保护就需要把区域标准和立法纳入统一规划中，为执法提供法律保障和执法标准。

5.区域治理中政策协同问题

京津冀区域治理的主体主要是各级政府、企业、居民和非政府组织。目前因多元主体共同治理的格局尚未形成，导致参与治理的途径缺少。京津冀区域不能协同高效地进行治理。现有政策、文件在权责关系、监督机制、约束体系等方面还不健全，出现引导作用大于统筹作用的结果。另外，在政策协同方面京津冀三地还未达成一致意见。如环境治理方面缺乏科学的统一规划，政策执行上存在一定的差异，执行标准和力度出现不一致的现象，这些都是影响最终治理效果的原因。

（三）京津冀协同发展的建议

1.尊重市场规律，政府发挥引导作用

京津冀三地应协同构建完善的市场机制，这样才能促进创新资源优化配置，推动高质量协同创新。可以借助新一代信息技术，合理构建协同创新的市场机制，实现三地创新资源的优化布局、创新人才的自由流动，使创新成果得到有效对接。为了加速成果转化，有必要建立京津冀科技中介服务机构联盟，使跨区域资金和技术得到有效对接。

2.加快产业结构调整与升级

京津冀三地产业结构、经济增长动力和未来发展方向方面各有不同。北京处于后工业经济时代，重点发展现代化服务业和高端制造业，实现自身产业升

级和服务津冀的双赢；天津处于工业化中后期，现代制造业和物流业成为发展的重点；河北省经济发展，需要充分利用京津两地的技术、做好高新产业承接转移，带动河北各城市加速发展，并促进相关产业快速发展。

3. 坚持需求导向，加强产业对接

三地应以"2+4+46"模式产业承接平台为支撑，进一步探索京津冀区域"众创空间、孵化器、加速器、产业园区"无缝对接机制，避免同质化竞争，打造特色产业园区。在土地、资源、用工等方面确保降低企业生产成本，发挥保障作用。为了促进产业集群发展，应主动加强区域产业配套，做好相关服务，营造良好环境，与同类企业进行联系，共同提高协作水平。

4. 改制户籍制度

在北京落户口会享有大量的优惠政策和便利的条件，尤其是孩子高考、就业工作、买房买车以及退休等。像北京这种大城市户口的诱惑力，对人才具有强有力的吸引。因此，有必要消除户籍制度，为了减小京津与河北间的差距，必须在就业、医疗、养老、教育等方面加大优惠政策。户籍制度上有所创新，京津冀户籍通道逐步建立，真正实现了京津冀户籍一体化，打破户籍不平等的局面。优化京津冀户籍管理制度，最终实现三地协同发展的新局面。

5. 构建区域协同机制

京津冀在资源、人口、产业、经济、环境等多方面存在发展不平衡问题，难以做到真正的有效协同。政府协调机制要逐步健全，同时京津冀三地政府的协同引导作用也有待加强。京津冀都市圈的发展应适当依靠市场机制，若市场机制失灵，则会引发一系列问题，这就需要政府正确的引导，因此应在市场与政府主导相结合模式中进行选择，最终促进京津冀协同发展。

三、京津冀协同发展战略未来发展趋势

京津冀一体化的深度合作之路已探索了十余年，随着京津冀三地协作发展进程的推进，为了更加有效地进行京津冀区域治理，京津冀三地自上而下的竞争合作方式向上下结合的协同合作方式转化，出现了一系列有效的治理"攻略"，在此基础上，结合国外城市群一体化比较成功的案例做出如下思考。

（一）升级京津冀交通网络，加速城际联系

基础设施是经济社会发展的基础保障，也是商品流、人才流、资金流、信息流等物质载体中不可缺少的部分。交通运输网络体系给人们带来方便快捷，城市群一体化就是从交通一体化开始的。以国外著名国际城市群为例，在一体化过程中，政府始终坚持"优先公共交通"原则，都市圈历经了9次轨道交通规划，最终通过政府颁布通勤计划和P线制度；为了缓解交通拥堵，在服务体系方面进一步得到优化提升，更多地投入基础建设服务。

鉴于此，京津冀地区完善现代化交通网络系统，加快构建互联互通、快速高效、服务便捷、舒适安全、成本低廉的综合交通网络，是首要考虑的问题。构筑"一轴两横三纵八港九枢纽"综合交通网，更好地为京津冀协同发展服务。同时以干线铁路、干线公路为基础，强化北京与周边区域的便捷联系，实现京津冀与国内经济区之间重要枢纽的连接贯通，真正实现交通便捷。还要加强与天津港的协作，在构筑环渤海现代化产业群的同时，推进京津冀沿海港口大通道协作机制建设，扩大京津冀地区的外向联络能力。

（二）推进产业分工协作，优化资源配置

在产业分工、产业规模经济和产业集聚经济三方面，要实现整体功能效应，充分发挥城市群的竞争优势，有效促进区域经济增长。然而京津冀存在产业结构相似度高、资源利用相对分散、地区间出现恶性竞争这三方面的问题，世界各地城市群在一体化过程中也出现过这样的窘境，因此积累了丰富的经验。以大西洋东北部沿岸城市群一体化为例，其中一座城市作为全世界的金融中心，是各种专业管理机构和服务机构的聚集地，同时也是该城市群的核心；负责承接重工业方面，为该地东海岸的中心炼油基地、造船基地、钢铁基地；有的城市打造环形科技园区，作为高新技术产业集聚地，发展成为该地区微电子技术中心；在这座城市群中，还有城市作为南部卫生服务基地，其国防工业发达等等，它们在一体化方面都有自己的特殊职能，既各有定位又相互补充，且具有超强的竞争力，集聚效应比较高。城市群要协同发展，彼此之间相互渗透融

合，在城市群中充分体现流动活力，生产要素流动必不可少，基于此，各类资源才能得到充分优化配置。

京津冀三地在协同发展的过程中，建议三地加强联系，积极进行产业协调互补，发挥自身的产业优势，"专职专岗"，形成有效市场机制。为了给京津冀城市群地域赋予新的活力和竞争力，需要各地区在各自的专业领域方面有所发展，配套产业也需要进行全面构建，高价值循环在相关区域内实现。在市场方面，专业化分工协作必不可少，出现好的创意的产业集群，或者尝试在产业结构的趋同中进行区域分工深化，要逐步向产业链分工方向发展。整体产品在不同区域进行生产，其结构件和零部件被分配到不同的工序、区段和环节，产业分工更为细致和发达。北京、天津、河北三地之间的产业禀赋存在差异性，因此在深化区域产业分工方面具有广阔的创新空间。为了更好地实现京津冀协同发展，提升区域内产业的竞争力，新兴战略产业要进行产业协作，深化区域产业分工，最终才能实现京津冀共赢。

（三）注重规划引领，强化城际对接

早在19世纪初，国外典型的城市群就已发展成为世界贸易和金融中心。主要得益于强有力的战略规划指引，在一致性和协调性方面总体把控整个城市群的协同发展。而工业和人口在城区大规模的过度集中，将会引发诸多问题。政府展开积极的规划干预，有助于改变核心城市过度聚集的局面。某城在1934年、1958年、1960年、1965年、1976年、1994年、2000年、2007年分别制定了该地区的战略规划，适时引领或解决城市群发展中所出现的问题，保证了其国际地位。同样，国外城市群一体化发展，也有突出案例，如日本，经过五轮首都城市圈规划，突出高度重视规划引领。从这个规划结果来看，最终的目的是解决人口、资源和城市三者之间在功能过度密集方面所引发的各类区域性问题，也是为了解决区域经济一体化空间结构、功能布局，从而提升了一体化发展的质量和水平。

自京津冀一体化协同发展进程加速以来，中央发挥政府职能多次制定纲要规划，以引领京津冀地区在交通、职能分化、产业协作、生态等方方面面的

协同发展，在未来的城市群规划中将会更细节化、及时化。例如，加强CBD建设，为了更好地有序发展城市，推进城市"再中心化"，规划建设多中心城市；为了更好地提高北京集中全球资本的能力，对北京的中心地位重新进行强化，也能够推动区域可持续发展，并加强北京与其他国际区域之间的联系。交通拥堵情况得到改善，空气质量不断提高，节能减排得到强力落实，京津冀地区更加绿色、更加繁荣，也将为推进京津冀一体化更好地指明发展方向，在引领和调控方面发挥积极的引领作用。

作为城市空间的一种重要组织形式，京津冀一体化协同发展越来越显示出其特殊的整合力。汲取国外城市群一体化发展的"前车之鉴"，从这些生动实践中获得启示。首先，市场驱动将是京津冀一体化发展的逻辑起点，当然在初级阶段，集聚就是主要驱动力。其次，政府推动才是京津冀一体化发展的重要保障，政府发挥关键性的"舵手"作用，尤其是在城市规划、城市管理、基础设施供给的主体，找到一种能够解决一体化进程的方法。最后，京津冀一体化发展的支撑为社会联动，因此需要构建多角度利益群体，在垂直管理与水平治理方面有效结合的矩阵式区域治理网络上进行多方面的参与，使政府、市场、社会相互之间能够各居其位、各得其所。

第4章
科技金融与区域创新效率

第1节
区域创新效率

国外学者对于区域创新的研究较早，继 Cooke（1992）首次提出"区域创新系统"的概念之后，许多学者从其内涵、类型等不同的角度，对区域创新系统展开了研究，其中对于区域创新效率的研究受到学者们广泛关注。

学术界开始对创新效率进行了定性研究，对创新效率的定义和内涵进行界定，并建立了评价体系。之后，学者们开始定量研究，对创新效率进行测量，并在此基础上分析了其影响因素。近年来，基于空间视角下对不同地区之间创新效率差异的影响因素研究成为该领域的一个重要研究方向。

一、区域创新效率的概念

效率是一种单位投入的产出量，在经济中，它经常被用来表示投入和产出的关系，当一个单位的投入产生更多的产出时，该单位的效率则越高。Afriat（1972）首先提出了创新效率的概念，他认为创新效率指的是在特定创新投入下，实际创新产出与预期最大产出之间的差异，差异越大，效率就越低。从创新的过程来看，池仁勇（2004）等学者认为创新指的是要素投入与产出的转换，而创新效率则是将多种技术创新要素的投入转化为技术创新绩效的投入产出过程，它属于创新系统的研究范畴。从创新的结果来看，李圣宏（2016）认为创新效率指的是由科技进步所引起的产出效果的提高，它反映了在一定的投入水平下，生产部门产出能力的最大值，或者是在确定价格和已有生产技术的情况下，生产部门达到投入要素最佳产出比例的能力，它体现了对现有资源进行有效利用的能力。从技术的前沿性角度来看，Ray 和 Desli（1997）认为创新效率指的是相关活动接近技术前沿的程度。如果投入产出关系位于生产前沿面，那么生产技术可以以较低的投入获得较高的输出，如果生产效率高，那么技术创新效率就会比较高。相反，技术创新效率就会比较低。

二、区域创新效率的测算方法

创新效率是一种评价技术创新过程中相关资源是否被充分利用和合理分配的指标，一般用于衡量在技术创新过程中所投入的创新要素相对于创新成果产出的转化效率。目前，国内外学者对这一指标的评估主要采取了两种方式：一种是对一项指标进行评估，另一种是对多项指标进行评估。前者比较简单易行，用等比法即可计算；后者在参数化的基础上，还可以进一步分为参数法和非参数法两类。其中，参数法以随机前沿分析（SFA）为主，需要预先设置特定的生产前沿形态，只能研究多个要素投入下的单一产出的创新效率；非参数法以数据包络分析（DEA）为主，可以研究多个投入条件下的多个产出的创新效率。

创新效率问题的研究最早出现在国外，Farrell在1957年首次提出了创新效率概念及计算模型，但对于技术创新问题的研究仍然以理论分析为主。随后，Aigner，Lovell和Schmidt（1997）提出了随机前沿分析法（SFA），Charnes和Cooper等人（1978）提出了数据包络分析法（DEA），使创新效率从最初的纯理论研究转向了理论和应用并重的研究。Nasierowski和Arcelus（2003）在一系列研究中，以45个国家的统计数据为基础，利用SFA方法对其创新效率进行了测度，结果表明，技术创新规模和创新资源配置对生产率的变化有明显的影响。

与国外学者相比，我国在创新效率方面的研究相对滞后。柳卸林（1997）将研究集中在了企业的微观层次上，第一次尝试性地对创新效率进行了分析和评估。池仁勇和唐根年（2004）以及虞晓芬（2005）重点研究了地区间创新效率的差异。前者采用DEA方法对浙江省11个地级市的创新效率进行测量，并对其影响因素进行了分析，研究发现创新效率受制度创新倾向、投入结构、行业适应等因素共同影响；后者对30个国家和地区进行了创新效率的测量，得出从东部地区向西部地区创新效率呈递减趋势的结论。以上学者的研究主要运用了传统DEA模型和改进的二阶段DEA模型测算创新效率，由于传统DEA模型不能对现实情况做出合理的解释以及二阶段DEA模型不能解决环境及误差对结果的影响，所以两个模型之间不具有可比性。罗彦如等人（2010）运用Fried等（2002）提出的三阶段DEA模型，在排除了环境因素和随机干扰因素的情况下，对2007年我国30个省份的技术创新效率进行了实证分析。结果表明，我国的技术创新效率总体上很低，仍然处在一个"规模报酬"递增的状态。

三、区域创新效率差异的分析

此前，我国学者对创新效率的研究主要集中于整体分析，将我国分为东部、中部和西部三个区域，分别对东部、中部和西部的创新效率进行研究，并进一步考察东中西部创新效率的差异性。史修松等（2009）和樊华等（2012）从省级层面对我国各省域科技创新效率进行测算后比较，研究发现，我国科技创新效率整体不高，且具有明显的区域不均衡性；东部区域创新效率远高于中西部区域，西部区域创新发展迅速，已赶超中部区域；同时三大区域内部各省市科技创新效率差异明显，随时间的推移呈现阶段性的波动。

近年来，学者重点对特定地区的创新效率进行了研究。崔丹等（2022）对京津冀、长三角和珠三角地区的技术创新效率进行研究，发现三大城市群的技术创新效率存在显著差异，其中珠三角地区技术创新优于京津冀和长三角地区，应该对三大城市群实施差别化创新发展策略。

四、区域创新效率评价指标的选取

由于学者对创新效率评价指标没有统一的定论，在查阅大量文献资料后，我们构建了全国30个省份创新效率的指标体系，如表4-1所示。投入指标方面，我们选取规模以上工业企业R&D活动人员、规模以上工业企业R&D经费内部支出以及科技支出占一般公共预算支出比重等三个指标，以反映科技创新活动的资源投入。产出指标方面,我们选取国内专利申请授权量以及规模以上工业企业新产品销售收入两个指标,以反映科技创新活动的产出成果。

表4–1　　　　　　　　　创新效率投入、产出指标

指标类型	指标	单位
投入指标	规模以上工业企业R&D活动人员	人年
	规模以上工业企业R&D经费内部支出	亿元
	科技支出占一般公共预算支出的比重	%
产出指标	国内专利申请授权量	件
	规模以上工业企业新产品销售收入	万元

五、创新效率测算方法

Banker等(1984)对Charnes等人提出的采用DEA对提供同质服务的多个服务单位之间的相对效率进行比较的数据包络分析方法(DEA)进行改进,对假定规模报酬不变的CCR模型进行了修正,并在此基础上构建了一个假定规模报酬可变的BCC模型。数据包络分析方法(DEA)是一种静态有效性评估方法,它不需要事先确定各个指标之间的函数关系,可以有效地避免主观因素的影响。由于区域规模的不同,技术创新效率也会受区域经济发展水平的影响,我们选择规模报酬可变的DEA-BCC模型,将全国30个省份(自治区)各年视为单独的决策单元,研究2011—2020年全国30个省份(自治区)各年的创新效率。如果区域创新效率的测量结果为1,则表明该区域在目前的投入水平上已经实现了有效产出;如果该指标的测量结果低于1,则表明区域技术创新效率还未达到有效产出状态,仍有提升的空间;该指标值越趋近于1,表明该区域的科技创新活动越具有较高的转化效率。运用该模型计算出各个决策单元的综合技术效率(TE)、纯技术效率(PTE)、规模效率(SE)以及规模收益。综合技术效率同时受到纯技术效率和规模效率的影响,三者关系为:综合技术效率=纯技术效率×规模效率。

DEA-BCC模型计算公式如下:

$$\begin{cases} \max\{\theta\} \\ s.t. \sum_{i=1}^{n} X_{ij}\lambda_j + s^+ = \theta X_{ik} \\ \sum_{r=1}^{n} Y_{rj}\lambda_j - s^- = \theta Y_{rk} \\ \sum_{j=1}^{n} \lambda_j = 1 \\ \lambda_j \geq 0 \end{cases}$$

公式中 $i=1, 2, \cdots$；$r=1, 2, \cdots$；$j=1, 2, \cdots$。θ 为决策单元的效率值，取值为0到1之间。如果 $\theta=1$，表明决策单元处于有效产出状态；如果 $\theta \neq 1$，表明决策单元处于无效产出状态。

六、全国区域创新效率测算结果分析

考虑到西藏自治区数据获取的可行性较差，另外，由于台湾地区、香港和澳门特别行政区政治及经济政策的差异，我们选取全国30个省市（自治区）的创新效率数据进行测量和分析。

（一）整体结果分析

从综合技术效率来看，表4-2数据显示，全国30个省市（自治区）的综合技术效率平均值整体上呈上升趋势，从2011年的0.623上升至2020年的0.802，其中在2020年平均值达到最高峰。2011—2020年综合技术效率的平均值大多在0.6，整体效率值偏低，达到有效产出的省市（自治区）较少，全国整体创新水平较低。30个省市（自治区）里综合技术效率等于1的省市（自治区）较少，10年内均未过半，处于技术有效状态的省份较少。2018年，综合技术效率为1的省市（自治区）数最多，为9个。2019年、2020年全国各省市（自治区）综合技术效率为1的省市（自治区）自2018年高点下滑的主要原因应该是肆虐全球的新冠疫情，导致国际、国内人员流动，物资流动中断，供应链断裂导致大面积停工停产，因此，处于技术有效状态的省市（自治区）逐年减少。

从纯技术效率来看，2011—2020年全国30个省市（自治区）的纯技术效率平均值一直不太稳定，处于波浪式上升的状态，从2011年的0.719上升到2020年的0.830，并在2019年达到最高点为0.845，这一结果同样有来自全球新冠疫情的影响。30个省市（自治区）的纯技术效率平均值虽然都小于1，没有达到有效产出状态，但整体效率值高于综合技术效率，纯技术效率为1的省市（自治区）数超过综合技术效率为1的省市数。2017年有13个省市（自治区）的纯技术效率为1，为10年内最多。

从规模效率来看，2011—2020年内全国30个省市（自治区）的规模效率平均值从2011年的0.848上升至2013年的0.862，后下降至2014年的0.806，之后几年一直处于上升趋势，最后在2020年上升到0.967，达到10年内的最高值。10年里30个省市（自治区）的规模效率平均值都超过0.8，其中2018—2020年的规模效率平均值超过了0.9，整体规模效率水平较高。从决策单元的有效性上来看，处于有效决策单元的省市（自治区）较少，30个省市（自治区）里仅仅只有不到1/3的省市（自治区）达到有效产出。其中2013年有效决策单元最少，只有5个，分别是北京、江苏、浙江、四川和青海。

从规模收益来看，2011—2020年30个省市（自治区）里处于规模收益递增的省市（自治区）数较多，几乎能达到一半以上，而处于规模收益递减的省市（自治区）数较少，这说明了随着科技资源和科技人员的投入增加，各省市（自治区）科技产出也越来越多。但从整体上看，规模收益递增的省市（自治区）数越来越少，从2011年的22个下降到2020年的13个，而规模收益递减的省市（自治区）数却越来越多，从2011年的2个增加到2020年的11个。

表4-2　　全国30个省市（自治区）2011—2020年的效率值

DEA效率	特征值	2011年	2012年	2013年	2014年	2015年	2016年	2017年	2018年	2019年	2020年
综合技术效率（TE）	平均值	0.623	0.674	0.654	0.644	0.695	0.709	0.722	0.754	0.786	0.802
	TE=1省市数	6	6	5	6	7	7	6	9	8	6
纯技术效率（PTE）	平均值	0.719	0.780	0.753	0.800	0.818	0.826	0.832	0.829	0.845	0.830
	PTE=1省市数	8	7	7	10	10	11	13	11	12	9

续表

DEA效率	特征值	2011年	2012年	2013年	2014年	2015年	2016年	2017年	2018年	2019年	2020年
规模效率（SE）	平均值	0.848	0.856	0.862	0.806	0.845	0.860	0.867	0.903	0.931	0.967
	SE=1省市数	6	6	5	6	7	7	6	9	8	6
规模收益	递增	22	23	24	23	21	20	22	17	19	13
	递减	2	0	1	1	1	3	2	4	3	11
	不变	6	7	5	6	8	7	6	9	8	6

（二）单个省市（自治区）结果分析

从各省市（自治区）的综合技术效率来看，表4-3数据显示，2011—2020年全国30个省市（自治区）里只有北京的综合技术效率均为1，达到科技资源有效产出状态，表明北京的科技创新活动投入达到产出效率最高，科技资源配置结构合理。

四川、浙江在前几年综合技术效率大多都为1，一直保持有效产出状态，但后几年综合技术效率未能保持1，没有达到有效产出状态。尤其是浙江，后几年综合技术效率一直在下降，进一步分析发现，浙江2018—2020年规模以上工业企业R&D活动人员投入上升了21.91%，规模以上工业企业R&D经费内部支出投入上升了21.66%，科技支出占一般公共预算支出的比重上升了31.49%，而国内专利申请授权量仅上升了21.43%，投入的增加低于产出的增加，高额投入并未带来高额利润，导致浙江的综合技术效率在后两年呈现下降趋势。

江苏、青海、陕西、广东和宁夏回族自治区达到有效产出的次数也较多，但都不是连续的，这也表明五个省份（自治区）的投入与产出关系并不稳定。虽然五个省份（自治区）的有效产出次数几乎相同，但从具体数据可以看出，江苏的效率值几乎都在0.9以上，整体效率值较高，表明江苏创新效率要高于陕西、青海、广东和宁夏回族自治区。

黑龙江和广西壮族自治区虽然在前几年没有达到有效产出，但后期规模以上工业企业产出和科技支出力度加大，实现逆袭，其中黑龙江在2018—2020

年综合技术效率都为1，广西壮族自治区在2015—2019年综合技术效率都为1。

海南和内蒙古自治区达到有效产出的次数均只有两次，且达到有效产出的前后年份的效率值差异过大，仍有较大的提升空间。我国东部地区经济发展迅速，创新优势凸显，然而山东、福建、上海、河北和天津五个东部地区省市的综合技术效率在2011—2020年都没有达到1，均未处于有效产出状态。

河南、甘肃、吉林、湖南和山西的综合技术效率均小于1，但值得注意的是，这五个省份的创新效率呈上升趋势，未来的发展值得期待。

重庆、贵州和安徽的综合技术效率呈现先升后降，且效率值大部分处于0.5以上。其中贵州的效率值在2013年高达0.883。

新疆维吾尔自治区、云南、江西和安徽的效率值和重庆、贵州和安徽的效率值相差不大，但前者和后者的区别在于新疆维吾尔自治区、云南、江西和安徽的综合技术效率值较为分散，没有清晰呈现出上升或下降的趋势。

辽宁和湖北的综合技术效率几乎都小于0.5，表明科技资源产出水平较低。

表4-3 全国30个省市（自治区）2011—2020年综合技术效率值

省市（自治区）	2011年	2012年	2013年	2014年	2015年	2016年	2017年	2018年	2019年	2020年	排名
北京	1	1	1	1	1	1	1	1	1	1	1
四川	1	1	1	1	1	1	1	1	1	0.944	2
浙江	1	1	1	1	1	1	1	1	0.935	0.927	3
江苏	1	1	1	0.961	1	1	0.929	0.972	0.894	1	4
青海	0.685	0.802	1	0.958	0.763	1	0.991	1	1	1	5
陕西	1	0.920	0.792	1	0.779	1	0.924	0.808	1	0.976	6
广东	0.735	0.639	0.718	1	0.861	0.838	1	1	1	1	7
宁夏回族自治区	1	1	0.611	1	1	0.858	1	1	1	0.292	8
黑龙江	0.556	0.738	0.738	0.635	0.956	0.807	0.967	1	1	1	9
广西壮族自治区	0.735	0.588	0.461	0.557	1	1	1	1	1	0.819	10
海南	0.592	1	0.876	0.554	0.542	0.821	0.795	0.651	0.887	1	11
山东	0.468	0.566	0.624	0.652	0.782	0.849	0.785	0.792	0.829	0.872	12
重庆	0.723	0.760	0.840	0.694	0.731	0.801	0.624	0.618	0.636	0.640	13

续表

省市（自治区）	2011年	2012年	2013年	2014年	2015年	2016年	2017年	2018年	2019年	2020年	排名
新疆维吾尔自治区	0.479	0.837	0.853	0.685	0.701	0.588	0.673	0.642	0.619	0.760	14
云南	0.546	0.609	0.780	0.718	0.535	0.726	0.666	0.628	0.701	0.831	15
江西	0.853	0.638	0.426	0.559	0.748	0.744	0.631	0.651	0.657	0.612	16
贵州	0.456	0.718	0.883	0.801	0.818	0.505	0.487	0.567	0.588	0.635	17
内蒙古自治区	0.462	0.442	0.419	0.278	1	0.516	0.759	1	0.873	0.699	18
福建	0.413	0.425	0.478	0.486	0.618	0.712	0.697	0.763	0.776	0.856	19
上海	0.761	0.693	0.556	0.547	0.469	0.450	0.565	0.621	0.740	0.806	20
河南	0.362	0.480	0.535	0.518	0.615	0.698	0.596	0.737	0.683	0.775	21
甘肃	0.339	0.531	0.536	0.424	0.397	0.592	0.596	0.833	0.802	0.936	22
安徽	0.746	0.696	0.688	0.657	0.592	0.487	0.480	0.517	0.486	0.521	23
河北	0.296	0.336	0.391	0.403	0.585	0.486	0.585	0.815	0.853	0.993	24
辽宁	0.515	0.472	0.425	0.365	0.419	0.452	0.546	0.540	0.710	0.819	25
吉林	0.370	0.536	0.343	0.333	0.295	0.541	0.429	0.576	0.704	0.920	26
湖南	0.377	0.501	0.521	0.508	0.500	0.539	0.515	0.467	0.514	0.515	27
天津	0.376	0.369	0.406	0.359	0.368	0.378	0.538	0.606	0.748	0.753	28
湖北	0.629	0.549	0.434	0.390	0.477	0.398	0.463	0.473	0.513	0.557	29
山西	0.204	0.368	0.293	0.265	0.308	0.481	0.406	0.350	0.444	0.613	30

第2节
全国科技金融与区域创新效率实证分析

一、科技金融的概念

国外学者对科技金融的研究较早,他们将研究重点集中在了科技与金融的研究上,而不是科技金融概念本身,因此,学者们并没有给科技金融一个清晰的概念。舒姆皮特(1912)在他的《经济发展理论》中首次提出了"创新理论",认为在资本主义经济的发展进程中,生产技术的革新和生产方式的改变是决定性的因素。Ang等(2010)在对样本数据进行分析的基础上,得出了金融市场自由化能够有效提升科技创新水平的结论。Seoh等(2020)认为,科技创新的研发能够对国家经济的发展起到推动作用,而金融的发展也能够对科技创新的水平起到有效的提升作用。科技和金融的融合发展,有效地提升了国家科技研发的竞争力。

20世纪90年代初,邓小平同志在南方谈话中第一次提出要把科技和金融结合起来,这是我国首次提出"科技金融"的概念。1993年,深圳市科技局第一次提出了"科技金融"这一术语,指出"科技金融"指的是通过科技和金融的结合来支持高科技的发展,它的实质是科技和金融的融合发展。1994年,在广西南宁召开的首届理事扩大年会中指出了科技金融是以国家的社会经济发展为基础,通过科技和金融体制改革的方式,促进了科技金融的发展。自此,科技金融成为区别于传统金融的一个独特的领域,得到了我国理论和实务界的高度重视。

当前,关于科技金融的定义,在我国还没有达成一致意见,众多学者对科技金融的概念观点各异。赵昌文(2009)认为科技金融指的是加速科技企业研发创新、科研成果创新产出、科技成果产业化的过程,并促进高科技企业创新发展的系统性金融政策、工具及制度等,该含义在业界中得到了广泛认可。洪银兴(2011)认为,科技金融的本质是利用金融资本参与技术创新的全流程之中,以提升技术创新的水平,促进技术创新的转化,其本质是一种金融创新行为。王宏起等学者(2012)进一步研究科技金融,认为科技金融是政府、商业银行及风险投资机构等金融主体,利用政策扶持、税收优惠及资金支持等手段,帮助科研机构开展技术创新活动,根据科创型企业在研发阶段、创新成果产出阶段及成果产业化阶段的不同发展特点及融资需求,为其提供有针对性的金融服务。

二、科技金融与区域创新效率的关系

对科技金融指标和创新效率指标的评价,虽然不同学者标准不同,对两者影响路径与作用机制也各不相同,但多数国内外学者一致认为科技金融对创新效率具有显著的正向影响。在科技金融对创新效率影响的研究方面,已有的研究成果大致可以分为宏观(国家)和微观(企业、行业)两个方面。宏观层面的研究中,黄继忠等(2017)从省级面板数据计算了高技术产业的创新效率,认为科技金融在一定程度上能够影响创新效率。芦锋等(2015)认为在技术创新阶段,科技金融对创新效率有着促进作用,而技术成果转化阶段却没有显著影响。微观层面的研究中,郭景先等(2022)认为科技金融能够提升企业创新效率,数字化转型在中间发挥了正向的调节作用。杨芸等(2019)选取了104家高新技术企业进行实证分析,发现科技金融投入在影响不同成立年限企业的创新效率中存在异质性。

三、构建科技金融指数的指标选取

我们借鉴李思成等(2022)的观点,从科技金融资源、科技金融经费、科技金融融资以及科技金融产出四个指标对科技金融指数进行构建。所选取指标的含义如下:(1)科技金融资源。衡量科技活动中人员和机构的投入力度,用R&D人员全时当量以及研究与开发机构数来表示。(2)科技金融经费指标。

衡量政府对科技创新的支持力度，用财政科技支出占财政支出比重以及R&D经费支出占地区生产总值比重来表示。（3）科技金融融资。衡量金融机构对科技活动的支持力度，用金融机构贷款占地区生产总值比重来表示。（4）科技金融产出。衡量科技创新活动的产出力度，用新产品销售收入占R&D经费支出比重以及国内专利申请授权量来表示。具体指标如表4-4所示。

表4-4　　　　　　　　科技金融发展水平评价体系

一级指标	二级指标	三级指标
科技金融资源	科技人员投入力度	R&D人员全时当量
	研发机构投入力度	研究与开发机构数
科技金融经费	政府科技支持力度	财政科技支出/财政支出
	R&D经费投入力度	R&D经费支出/地区生产总值
科技金融融资	科技贷款力度	金融机构贷款/地区生产总值
科技金融产出	新产品销售力度	新产品销售收入/R&D经费支出
	专利产出力度	国内专利申请授权量

四、科技金融指标的测算方法

由于科技金融发展水平包含了较多层次的指标，为了避免评价的主观性，采用熵值法对科技金融7个三级指标赋予权重，计算得出科技金融指数。具体计算方法如下：

（一）数据标准化处理

$$X_{ij} = \frac{x_{ij} - \min x_{ij}}{\max x_{ij} - \min x_{ij}} \quad ①$$

$$X_{ij} = \frac{\max x_{ij} - x_{ij}}{\max x_{ij} - \min x_{ij}} \quad ②$$

式①为正向指标的标准化，式②为负向指标的标准化，同时为了消除0值与负值的影响，将标准化后的全部数据结果同时加上一个最小单位值θ，使其满足运算要求，取$\theta = 0.0001$，得到X'_{ij}。

（二）计算各指标权重

$$P_{ij} = \frac{X'_{ij}}{\sum_{i=1}^{n} X'_{ij}}$$

（三）计算指标熵值

$$D_j = -\frac{1}{\ln n} \sum_{i=1}^{n} P_{ij} \ln P_{ij}$$

（四）求取指标熵冗余度

$$G_j = 1 - D_j$$

（五）计算权重结果

$$w_j = \frac{G_j}{\sum_{j=1}^{m} G_j}$$

（六）综合发展水平指数测算

$$U_j = \sum_{j=1}^{m} w_j \times X_{ij}$$

以下是测算得出的2011—2020年全国30个省市（自治区）的科技金融指数值，具体如表4-5所示。

表4-5　全国30个省市（自治区）2011—2020年的科技金融指数值

省市（自治区）	2011年	2012年	2013年	2014年	2015年	2016年	2017年	2018年	2019年	2020年	排名
北京	0.447	0.458	0.471	0.494	0.480	0.479	0.501	0.505	0.524	0.552	1
广东	0.298	0.334	0.363	0.345	0.405	0.440	0.477	0.591	0.616	0.690	2
江苏	0.294	0.340	0.348	0.343	0.365	0.364	0.369	0.405	0.436	0.520	3
浙江	0.258	0.293	0.311	0.315	0.334	0.336	0.340	0.394	0.432	0.491	4
上海	0.295	0.302	0.299	0.295	0.285	0.301	0.309	0.325	0.324	0.356	5

续表

省市（自治区）	2011年	2012年	2013年	2014年	2015年	2016年	2017年	2018年	2019年	2020年	排名
天津	0.181	0.216	0.229	0.242	0.260	0.256	0.244	0.255	0.282	0.321	6
山东	0.196	0.214	0.223	0.221	0.231	0.233	0.241	0.256	0.272	0.337	7
湖北	0.128	0.139	0.165	0.192	0.203	0.216	0.226	0.240	0.255	0.276	8
安徽	0.139	0.149	0.163	0.175	0.184	0.223	0.217	0.232	0.247	0.277	9
陕西	0.121	0.135	0.157	0.169	0.183	0.194	0.196	0.204	0.221	0.239	10
四川	0.116	0.129	0.138	0.147	0.162	0.162	0.171	0.210	0.219	0.230	11
辽宁	0.145	0.163	0.163	0.165	0.158	0.174	0.175	0.166	0.174	0.188	12
福建	0.122	0.129	0.133	0.139	0.144	0.148	0.155	0.176	0.184	0.213	13
甘肃	0.108	0.120	0.135	0.143	0.159	0.162	0.170	0.167	0.170	0.188	14
吉林	0.104	0.099	0.085	0.096	0.103	0.135	0.172	0.196	0.235	0.223	15
青海	0.076	0.092	0.113	0.123	0.202	0.208	0.212	0.240	0.082	0.089	16
湖南	0.104	0.114	0.122	0.125	0.132	0.131	0.144	0.158	0.177	0.210	17
河南	0.097	0.102	0.119	0.122	0.127	0.133	0.143	0.158	0.171	0.204	18
江西	0.075	0.083	0.095	0.102	0.116	0.131	0.148	0.168	0.188	0.214	19
重庆	0.118	0.103	0.118	0.132	0.123	0.137	0.124	0.142	0.132	0.151	20
黑龙江	0.098	0.114	0.113	0.117	0.123	0.120	0.125	0.125	0.146	0.150	21
山西	0.093	0.100	0.123	0.119	0.113	0.115	0.132	0.144	0.133	0.130	22
河北	0.068	0.081	0.087	0.094	0.100	0.113	0.119	0.137	0.155	0.185	23
贵州	0.077	0.071	0.078	0.082	0.091	0.093	0.118	0.150	0.158	0.166	24
广西壮族自治区	0.081	0.086	0.096	0.095	0.091	0.100	0.106	0.108	0.113	0.127	25
云南	0.076	0.091	0.086	0.092	0.096	0.097	0.105	0.105	0.095	0.098	26
宁夏回族自治区	0.063	0.066	0.072	0.072	0.086	0.081	0.097	0.114	0.114	0.112	27
新疆维吾尔自治区	0.062	0.066	0.070	0.074	0.077	0.079	0.074	0.069	0.071	0.083	28
海南	0.068	0.058	0.071	0.060	0.065	0.069	0.065	0.064	0.077	0.094	29
内蒙古自治区	0.053	0.088	0.066	0.058	0.064	0.065	0.077	0.068	0.070	0.078	30

科技金融指数均值动态变化如图4-1所示。

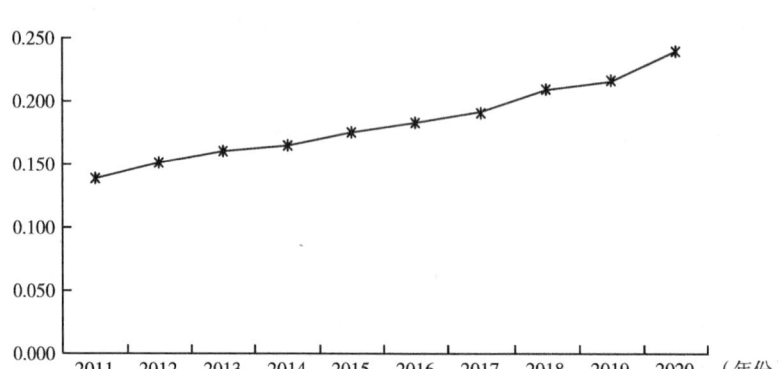

图4-1　全国30个省市（自治区）科技金融指数均值年均变化

从图4-1中的变化趋势我们可以看到，总体上，我国科技金融发展指数曲线呈现出了上升的趋势。这说明了我国的科技金融发展势头很好。最近几年，在政策、制度供给和科技经费等方面，国家和地方政府都给予了很大的支持，多措并举，提升了金融对科技企业的支持力度，推动了我国科技金融整体环境的提升，在提升科技金融发展水平方面，已经取得了一定的效果。但是，总体均值比较低，都在0.25以下，这就表明，我国应该对科技金融的发展给予更多的关注，加大对科技金融的投资，完善相关政策，从而进一步提高科技金融发展水平。

五、全国科技金融对区域创新效率影响的实证检验

（一）变量选取

1.被解释变量：我们选取创新效率（Innovation）作为被解释变量，具体数值为表4-3测算得出的全国30个省市（自治区）2011—2020年的创新效率值，取值在0—1之间。

2.解释变量：我们选取科技金融（TF）作为解释变量。

3.控制变量：我们选取政府干预程度、人力资本程度以及外商投资水平三个指标作为控制变量。政府干预程度（Gov）采用财政支出占地区生产总值比重来表示，人力资本程度（PPC）采用普通高等学校在校学生数的对数来表示，外商投资水平（FDI）采用外商直接投资额占地区生产总值比重来表示。

（二）研究模型

Tobit模型的似然函数分为连续分布和离散分布，能够解决因变量存在截断现象。我们采用DEA-Tobit两步法分析数据，具体步骤是：先采用规模报酬可变的DEA模型对创新效率进行测量，并计算出各决策单元的效率值；随后运用Tobit回归法，对创新效率影响因素进行分析。由于DEA计算得出的创新效率值是受约束的因变量，因此若直接使用最小二乘法，将会导致模型的参数估计结果有偏。因此，我们对创新效率进行Tobit回归分析。Tobit回归模型形式如下：

$$Innovation_{it} = \beta_0 + \beta_1 TF_{it} + \beta_2 Gov_{it} + \beta_3 PPC_{it} + \beta_4 Open_{it} + \varepsilon_{it}$$

其中，i和t分别代表第i个城市第t年，$Innovation$是被解释变量创新效率，TF是解释变量科技金融，Gov是控制变量政府干预程度，PPC是控制变量人力资本程度，FDI是控制变量外商投资水平。

（三）描述性统计分析

创新效率方面，从表4-6可以看出全国30个省市（自治区）的综合技术效率标准差为0.222，最小值为0.204，最大值为1，说明各省市（自治区）间的创新效率差异较大，通过上文分析可知，北京、四川、浙江和江苏的创新效率值较高，几乎都在0.9以上，四个省市达到有效产出状态的次数也较多。而天津、湖北和山西的创新效率值则较低，科技资源投入的增加并没有带来高额的产出，在2011—2020年许多效率值都小于0.5，这与创新效率值排名前四的北京、四川、浙江和江苏形成显著差异。创新效率均值为0.706，表明大多数省市（自治区）的创新能力较好。

科技金融方面，其标准差是0.116，说明全国30个省市（自治区）的科技金融水平差异不大。科技金融最大值是0.690，最小值是0.053，而平均值是0.183，说明科技金融值整体偏低。具体数值通过表4-5可以看出，北京、广东、江苏、浙江和上海的科技金融数值超过0.3，科技金融水平较高。天津、山东、湖北、安徽、陕西、四川、辽宁、福建、甘肃、吉林、青海、湖南、河南、江西、重庆、黑龙江和山西的科技金融大多在0.1以上，这17个省市（直辖市）的科技金融处于中间水平。河北、贵州、广西、云南、宁夏、新疆维吾尔自治区、海南和内蒙古自治区的科技金融较低，10年内科技金融几乎都低于0.1，说明这8个省市（自治区）的科技金融水平最低。尤其是新疆维吾尔自治区、海南和内蒙古自治区，科技金融全低于0.1，处于全国科技金融最低水平。

控制变量方面，从政府干预程度来看，全国30个省市（自治区）的政府干预程度均值为0.264，大部分省市（自治区）的政府干预程度在0.1到0.4之间。2019年以后各省市（自治区）频繁出现0.4以上数值，2020年天津、内蒙古自治区、山西、河北和北京的政府干预程度超过0.7，其中天津的政府干预程度最大，高达0.758，表明政府干预财政的力度在逐步加强。从人力资本程度来看，人力资本程度的标准差为0.800，说明各省市（自治区）的在校学生人数相差较大。其中2011年、2017年、2019年和2020年各省市（自治区）的人力资本程度大部分都小于平均值4.258，说明近年来人力资本程度下降。从外商投资水平来看，外商投资水平最小为0.0001，最大为0.08，最小值与最大值之间相差较大。标准差为0.015，说明各省市（自治区）的外商投资水平较为集中。从具体数据来看，与人力资本程度情况类似，全国30个省市（自治区）的外商投资水平在前几年的数值要高于后几年，印证了后几年全球疫情，致使人员，资金和物资的正常流动受到了极大的影响。2019年的青海和甘肃以及2020年的吉林、辽宁和黑龙江外商投资水平都小于0.001，远低于均值。

表4-6　　　　　　　　　变量描述性统计

变量名称	变量符号	均值	标准差	最小值	最大值
创新效率	Innovation	0.706	0.222	0.204	1
科技金融	TF	0.183	0.116	0.053	0.690
政府干预程度	Gov	0.264	0.114	0.120	0.758
人力资本程度	PPC	4.258	0.800	1.520	5.518
外商投资水平	FDI	0.019	0.015	0.0001	0.080

（四）回归结果分析

从核心解释变量来看，科技金融的回归系数为0.697，并通过了1%的显著性检验，表明科技金融对创新效率有正向影响，科技金融水平的提高能够正向促进区域创新效率的提升，原因可能是，伴随着科技金融的普及与发展，政府对科技资金的支持力度越来越大，银行等金融机构对科技贷款的额度也越来越多，研发资金在创新投资中的比例也越来越高。同时，风险投资机构的普及以及创投资本额的持续增加吸引了更多的高素质人才进入科技创新产业，这不仅可以直接增加创新投入，还可以对创新产出产生积极的影响，进而提升了区域创新效率，具体数值见表4-7所示。

从各控制变量来看，政府干预程度的回归系数显著为1.081，说明政府干预程度与区域创新效率存在显著正向关系，政府对财政支出的力度越大，区域创新效率越高。分析其原因，可能是在经济发展水平较高的地区，其财政收入比较可观，可以划拨出更多的财政科技资金，从而带动更大的社会资金来支持科技创新。同时，财政科技投入越多，对经济增长越有正向影响，对财政科技投入越有利。全国各省市（自治区）的创新也表现出了"强者愈强"的马太效应。人力资本程度的回归系数为正，并通过了10%的显著性检验，说明人力资本的投入对区域创新效率有显著正向作用。想要各省市经济快速发展，增强其创新活力，就必须重视人力资源的投入，对在校大学生开展创新创业教育，努力在高校中培养高质量的专业人才，并引进更多的技术人员，推动高新技术产业的发展。外商投资水平的回归系数为负，并通过了1%的显著性检验，说明外商投资水平与区域创新效率存在显著负向关系，外商投资水平越高，区域创新效率越低。分析原因，一方面可能是创新涉及许多敏感的、隐性的、需要保护的核心技术，外资企业的数量越多，它所掌握的话语权也就越大，这就会打破资本间的均衡，而本地企业为了维护自身的利益，更倾向于对技术进行保护，这对创新知识的共享和交流造成了不利影响。另一方面可能是，国内企业想要对已有技术进行改造，并对新技术进行开发，将技术转化为具有利润的新产品。而外资企业更喜欢利用自己的现成设备、工艺、技术来提高生产效率，从而得到直接的经济效益。不同的目标会对公司的创新环境造成不利影响，从而影响企业创新活动。

表4-7　　　　　　　　　创新效率Tobit模型回归结果

变量名称	变量符号	回归系数	t值
科技金融	TF	0.697***	4.06
政府干预程度	Gov	1.081***	4.10
人力资本程度	PPC	0.105*	2.44
外商投资水平	FDI	−2.474**	−2.79
常数项	_cons	−0.109	−0.48

注：*、**、***分别表示在10%、5%、1%水平上显著。

第 3 节
京津冀科技金融与区域创新效率实证分析

一、京津冀省级层面分析

（一）描述性统计分析

创新效率方面，如表 4-8 所示，京津冀创新效率最小值为 0.546，最大值为 1，均值为 0.839，这表明京津冀创新效率在省际之间差异不大。北京的创新效率最高，2011—2020 年创新效率一直都是 1，而河北、天津创新效率低。河北近几年创新强势突破，在 2018—2020 年创新效率都是 1，天津则是最初几年创新效率高，近几年势头不足。

科技金融方面，京津冀科技金融水平最小值为 0.068，最大为 0.552，均值为 0.285，最大值是最小值的 8 倍，这表明科技金融发展水平在京津冀地区存在比较大的地方差异。北京的科技金融最高，数值都超过均值，达到 0.4 以上，其次是天津，科技金融介于 0.2—0.4，最后是河北，河北的科技金融都小于均值，数值都在 0.2 以下。

政府干预程度方面，最大值与最小值相差较大，具体分析是：2020 年北京、天津和河北的政府干预程度都在 0.7 以上，而 2014 年、2015 年和 2017 年三个省份政府干预力度都较弱，处于均值 0.172 以下。

人力资本程度来看，标准差为 0.983，表明京津冀人力资本程度之间相差较大。最小值为 1.520，最大值为 5.142，均值为 4.144，最小值与最大值之间相差过大，这是因为 2019 年和 2020 年北京、天津和河北的人力资本程度都在 4 以下，在校学生人数相对前几年来说占比较小。

外商投资水平方面，标准差为0.010，说明京津冀地区外商投资水平数值较为集中，最小值为0.003，最大值为0.042，两者相差较大，这是因为，受到疫情的影响，2020年北京、天津和河北外商直接投资的份额下降，外商投资水平均在0.01以下，导致京津冀地区外商投资水平极值差异明显。

表4-8　　　　　　　　　　变量描述性统计

变量名称	变量符号	均值	标准差	最小值	最大值
创新效率	Innovation	0.839	0.165	0.546	1
科技金融	TF	0.285	0.162	0.068	0.552
政府干预程度	Gov	0.257	0.172	0.123	0.758
人力资本程度	PPC	4.144	0.983	1.520	5.142
外商投资水平	FDI	0.020	0.010	0.003	0.042

（二）回归结果分析

从核心解释变量来看，科技金融的回归系数为0.759，并在1%水平上显著，说明在京津冀地区科技金融的投入能够带动区域创新效率的提高。从控制变量来看，表4-9中政府干预程度和人力资本程度的回归系数都为正，但均不显著，说明政府对于财政支出的强度以及在校学生人数的增加能够带来区域创新效率的提高，但该影响并不明显。同理，外商投资水平也不显著，虽然其回归系数为-2.514，但对创新效率的负向影响不大，具体数值如表4-9所示。

表4-9　　　　　　　　创新效率Tobit模型回归结果

变量名称	变量符号	回归系数	t值
科技金融	TF	0.759***	5.59
政府干预程度	Gov	0.046	0.12
人力资本程度	PPC	0.002	0.03
外商投资水平	FDI	-2.514	-0.88
常数项	_cons	0.653	1.69

注：***分别表示在1%水平上显著。

二、京津冀地级市层面分析

在城市的选择上，由于邢台、廊坊和张家口数据严重缺失，我们剔除这三个城市，以2011—2020年京津冀10个城市为研究样本，共得到100条有效数据。控制变量选取经济发展水平、教育水平、产业结构水平和邮电业务保有水平四个指标作为控制变量。经济发展水平（GPC）采用人均地区生产总值来表示，教育水平（STU）采用在校大学生数来表示，产业结构水平（Inc）采用规模以上工业企业数来表示，邮电业务保有水平（$Information$）采用邮电业务收入占GDP比重来表示。

（一）科技金融情况

经过计算得出的科技金融指数，具体数值如表4-10所示。

表4-10　京津冀10个城市2011—2020年科技金融指数

地区	2011年	2012年	2013年	2014年	2015年	2016年	2017年	2018年	2019年	2020年
北京	0.574	0.604	0.638	0.676	0.683	0.688	0.730	0.772	0.826	0.902
天津	0.249	0.279	0.303	0.319	0.348	0.338	0.321	0.340	0.362	0.411
石家庄	0.114	0.127	0.134	0.141	0.155	0.165	0.167	0.153	0.175	0.208
唐山	0.090	0.113	0.111	0.115	0.107	0.112	0.123	0.126	0.197	0.218
保定	0.085	0.092	0.103	0.114	0.120	0.134	0.134	0.126	0.150	0.170
邯郸	0.060	0.076	0.089	0.100	0.087	0.093	0.111	0.122	0.141	0.150
秦皇岛	0.084	0.091	0.090	0.093	0.083	0.110	0.107	0.110	0.121	0.119
衡水	0.032	0.076	0.053	0.049	0.059	0.066	0.085	0.087	0.115	0.124
沧州	0.022	0.027	0.031	0.047	0.044	0.061	0.068	0.070	0.106	0.136
承德	0.025	0.026	0.049	0.051	0.047	0.056	0.060	0.072	0.062	0.075
均值	0.134	0.151	0.160	0.171	0.173	0.182	0.191	0.198	0.226	0.251

由表4-10可知，京津冀科技金融指数在2011年至2020年，均值介于0.134至0.251之间，说明该区域整体科技金融水平较低。其中，北京市金融指

数在2011—2020年呈持续上升趋势，且远高于天津和河北，表明京津冀三地之间科技金融水平差距较大。河北各地市的科技金融指数远低于京津冀总体平均值，表明河北科技金融水平提升空间较大。

（二）创新效率测算结果分析

（1）京津冀创新效率整体情况。

从综合技术效率上看，由表4-11可知，京津冀10个城市的平均值在近几年都比较平稳，2016年达到高峰，此后平均值出现了起伏，但整体水平仍有所提升。2011—2020年京津冀综合技术效率平均值都不到1，而其效率则在0.6—0.7，这意味着与同等投入水平下所能实现的有效产出还有30%—40%的距离，技术效率还没有进入规模报酬递增的阶段。北京、承德、衡水在2011年的综合技术效率均为1，科技资源利用率较高，都达到了较高的生产效率；在2012年，仅承德、衡水达到了有效产出水平；在2013年至2014年，与2011年持平，都有3个城市达到有效产出；北京、衡水、石家庄在2015年均达到了有效产出水平；2016年，北京、承德、衡水、邯郸、石家庄达到有效产出，数量为"十年之最"。2017—2018年有效产出的城市都只有两个，分别是2017年北京和石家庄以及2018年北京和承德；2019年有效产出的城市为北京、承德和秦皇岛；2020年有效产出城市为北京、承德、石家庄和秦皇岛。

从纯技术效率上看，2011—2014年京津冀纯技术效率一直处于上升状态，从0.755上升到0.856，在2015—2020年虽然有所波动，但整体都在0.7—0.8，高于综合技术效率。2011—2020年，北京、承德和衡水的纯技术效率都为1，表明10年里三个城市的资源投入的产出是有效的。石家庄的纯技术效率有9年都为1，产出效果也不错。

从规模效率上看，京津冀规模效率平均值在2013—2018年一直增长，从0.721增长至0.930，虽然在2012年、2019年和2020年均有所下降，但整体仍呈上升趋势。其中，2016—2019年的规模效率平均值都在0.9以上，处于较高水平。从京津冀决策单元的有效性上看，10个城市里处于有效决策单元的个数较少。2011年、2013年和2014年有效决策单元有3个，分别是北京、承德和衡水；2012年有效决策单元为承德和衡水；2015年有效决策单元为北京、衡水和石家庄；2016年有效决策单元个数最多，有5个，分别是北京、承德、邯郸、衡水和石家庄；2017年有效决策单元是北京和石家庄；2018年有效决策单元是北京和承德；2019年有效决策单元是北京、承德和秦皇岛；2020年有效决策单元是北京、承德、秦皇岛和石家庄。

从规模收益上看，2011—2020年京津冀处于规模收益递减的城市较多，2011—2015年、2018年和2019年规模收益递减的城市都超过半数，其中2012年和2018年规模收益递减的城市分别高达8个和7个，资源投入的增加并没有带来更高的创新产出；只有在2017年大多城市规模收益处于递增状态，规模收益递减的城市数量为0，说明在2017年资源投入的增加带来了更高的创新产出。

表4-11　京津冀10个城市2011—2020年创新效率值整体评价

DEA效率	特征值	2011年	2012年	2013年	2014年	2015年	2016年	2017年	2018年	2019年	2020年
综合技术效率（TE）	平均值	0.561	0.548	0.606	0.726	0.686	0.756	0.705	0.713	0.723	0.696
	TE=1 城市数	3	2	3	3	3	5	2	2	3	4
纯技术效率（PTE）	平均值	0.755	0.775	0.815	0.856	0.794	0.833	0.775	0.774	0.807	0.773
	PTE=1 城市数	6	5	6	7	6	7	5	5	5	5
规模效率（SE）	平均值	0.738	0.694	0.721	0.840	0.864	0.920	0.926	0.930	0.902	0.872
	SE=1 城市数	3	2	3	3	3	5	2	2	3	4
规模收益	递增	2	0	1	1	2	1	7	1	2	3
	递减	5	8	6	6	5	4	0	7	5	3
	不变	3	2	3	3	3	5	3	2	3	4

（2）京津冀各城市创新效率情况。

从具体城市来看，仅北京和承德在2011—2020年维持了有效产出水平，说明北京和承德两市的科技创新投入产出效率较高，且科技资源配置结构较为合理；衡水2011—2016年均处于有效产出状态，但其后四年出现了明显的下滑，进一步分析表明，2017—2020年衡水R&D全时人员当量和R&D经费投入持续增长，分别增长68%和62%，而规模以上工业企业利润总额则下滑29%，说明高投入未换来高产出，衡水技术创新效率总体呈下滑态势。秦皇岛的初期创新产出水平较低，但是在后期其创新效率一直处于不断提高的态势，并于2020年实现了有效产出；石家庄虽为省会城市，但其创新效率并非河北省最高，2018年以前石家庄创新效率呈逐年增长趋势，但到了2018年，规模以上工业企业生产积极性较低，致使其创新效率出现了明显的下滑。天津、保定、沧州的效率水平都比京津冀平均低，还有很大的提高空间，其中天津虽然在平均水平以下，但是它的创新效率却在不断提高，未来的发展前景较好。邯郸的技术创新效率总体上是先上升后下降的；唐山的创新效率总体上处于0.6的水平，相对平稳，具体数据如表4-12所示。

表4-12　　京津冀10个城市2011—2020年DEA综合技术效率值

地区	2011年	2012年	2013年	2014年	2015年	2016年	2017年	2018年	2019年	2020年
北京	1.000	0.880	1.000	1.000	1.000	1.000	1.000	1.000	1.000	1.000
承德	1.000	1.000	1.000	1.000	0.813	1.000	0.603	1.000	1.000	1.000
衡水	1.000	1.000	1.000	1.000	1.000	1.000	0.972	0.951	0.804	0.587
邯郸	0.632	0.557	0.660	0.910	0.872	1.000	0.920	0.984	0.600	0.628
石家庄	0.361	0.350	0.498	0.996	1.000	1.000	1.000	0.458	0.816	1.000
秦皇岛	0.482	0.477	0.590	0.370	0.705	0.653	0.770	0.899	1.000	1.000
唐山	0.461	0.443	0.603	0.651	0.364	0.634	0.819	0.659	0.630	0.548
天津	0.356	0.484	0.366	0.582	0.583	0.627	0.525	0.664	0.802	0.655
保定	0.257	0.238	0.277	0.666	0.437	0.561	0.334	0.427	0.483	0.471
沧州	0.056	0.050	0.061	0.080	0.081	0.088	0.103	0.085	0.096	0.073
均值	0.561	0.548	0.606	0.726	0.686	0.756	0.705	0.713	0.723	0.696

（三）描述性统计分析

创新效率方面，京津冀地区2011—2020年的创新效率平均值为0.672，最高达到1，最低仅为0.05，说明京津冀区域的创新效率存在显著的差别。从以上的研究结果可以看出，10个城市中只有北京、承德的产品在生产过程中达到高水平产出，这说明京津冀地区的技术创新水平还有较大提升空间。

科技金融方面，京津冀地区的科技金融平均值为0.209，仅北京、天津的科技金融指标高于此平均值，其余地区均低于0.209，这表明京津冀地区间的科技金融水平差距较大，河北省科技金融水平远低于北京和天津。

经济发展水平方面，京津冀地区人均地区生产总值差距较大，最高达164 387.3元，最低的只有2 168.5元；其中北京，天津和唐山在2011—2020年的人均地区生产总值都高于全国平均水平，说明这3个城市经济都处于较高的发展阶段。从发展态势来看，京津冀各省的人均地区生产总值都在不断增长，近年来不少城市已经超越了平均水平，这说明京津冀的经济发展具有广阔的发展空间。

教育水平方面，京津冀地区的普通高校学生人数平均为166.36万人；高校毕业生主要集中于北京、天津和石家庄，这三个城市的高校毕业生人数明显高于其他城市。衡水在校学生人数偏低，仅为全省平均水平的六分之一。京津冀地区高校毕业生在区域上的分配是不平衡的，存在着"集聚"和"稀缺"两种形态。

产业结构水平方面，北京、天津、石家庄和沧州的规模以上工业企业较多。除此之外，邯郸和衡水两个城市的规模以上工业企业数量最少，只有京津冀规模以上工业企业平均值的3%，这说明了京津冀在鼓励产业发展方面存在差异，造成规模以上工业企业在数量上的巨大差异。

邮电业务保有水平方面，最大值为0.047，最小值为0.004；各地市差异较大，具体如表4-13所示。

表4-13　　　　　　　　　　变量描述性统计

变量名称	变量符号	均值	标准差	最小值	最大值
创新效率	$Innovation$	0.672	0.306	0.05	1
科技金融	TF	0.209	0.187	0.030	0.755
经济发展水平	GPC	58 722.59	34 491.53	21 680.5	164 387.3
教育水平	STU	242.33	166.36	39.25	544.5
产业结构水平	Inc	1 920.1	1 366.85	359.75	5 507
邮电业务保有水平	$Information$	0.021	0.008	0.004	0.047

（四）回归结果分析

从核心解释变量来看，科技金融的回归系数为正，并且在1%水平上显著，这说明了京津地区的科技融资水平与区域经济发展水平呈正向关系。科技金融可以为企业的创新提供一种规避、预防和化解风险的方法与途径；科技融资水平的提高，可以降低企业的信息成本，使企业能够更好地发挥科技创新的作用。

控制变量中，经济发展水平方面，经济发展水平与创新之间存在着负相关关系，且通过了10%的显著性检验。可能的原因在于在经济发展的初期，企业的技术创新门槛和创新成本比较低，而创新收益较高，随着技术的不断进步以及经济水平的快速发展增长，创新难度逐步提升、创新风险逐步增大、创新成本不断提高、技术创新的投入产出比逐渐降低。从而导致京津区域的经济发展水平与创新效率之间出现负相关关系。

教育水平的回归系数为正，但是没有显著的相关关系，这可能是因为高校在校生人数对城市的创新活动有促进作用，但是这种积极效应具有一定的滞后性，所以在当前的回归中效果不明显。我们对高校在校生人数做了滞后一期的回归分析，发现滞后一期的教育水平的回归系数为0.005，并且通过了10%的显著性检验。这是由于高校毕业生中有一部分人在其所处的区域工作，所以这个变量在当前阶段是不明显的，具有一定的滞后性。

产业结构水平方面，其回归系数为负，并且在1%水平上显著，这说明了随着规模以上工业企业数目的增加，城市技术创新的有效性在逐渐降低，原因可能是规模以上工业企业数目越多，区域产业集中程度较高，市场竞争越大，从而企业的创新动机较弱，进一步导致区域创新效率较低。

邮电业务保有水平方面，回归系数为负并通过了10%的显著性检验，表明邮电业务收入占GDP的比例越高，区域创新效率越低。邮电业务保有量越大、说明该地区现代物流和通信企业进入得越少，地方经济活力越低、经济水平越低，因为邮电业务具有公益性特征、现代通信和物流企业具有盈利性目的。具体数据如表4-14所示。

表4-14　　　　　　　　　创新效率Tobit模型回归结果

变量名称	变量符号	回归系数	t值
科技金融	TF	3.503^{***}	4.53
经济发展水平	GPC	$-5.69e^{-06*}$	-1.93
教育水平	STU	0.0003	1.01
产业结构水平	Inc	-0.0003^{***}	-5.79
邮电业务保有水平	$Information$	-13.7475^{*}	-1.73
常数项	$\_cons$	0.1015^{***}	5.26

注：*、***分别表示在10%、1%水平上显著。

第4节
其他热点区块科技金融与区域创新效率实证分析

由于我国区域间的经济发展水平不同,各省份、各区域的创新效率值也存在一定的差异,研究不同区域科技金融对创新效率的影响是必要的。我们进一步研究了环渤海地区、长三角地区、珠三角地区和成渝商圈地区科技金融对创新效率的影响,并与前文分析的京津冀地区进行比较,找出京津冀与环渤海地区、长三角地区、珠三角地区以及成渝商圈地区的差异并分析差异的成因。

一、除京津冀以外其他地区的实证分析

从表4-15中可以看出,环渤海地区科技金融的回归系数为2.451,长三角地区科技金融的回归系数为2.714,珠三角地区科技金融的回归系数为1.160,成渝商圈科技金融的回归系数为1.720,其中长三角地区科技金融对区域创新效率的影响最大,其次分别是环渤海地区、成渝商圈和珠三角地区。四个区域都在1%水平上显著,且回归系数均为正,这说明了虽然地区经济发展不同,但科技金融都会对区域创新效率产生正向影响。

长三角地区和环渤海地区的科技金融对创新效率的促进作用更为明显,导致这一结果的主要原因:一是华东地区的重工业发展较快,高新技术产业发展较快,再加上该地区由于地理位置优越,科教资源丰厚、信息便利、拥有充足资金,从而促进高新技术产业的发展有足够动力。二是长三角地区和环渤海地区在经过了很长一段时间的发展之后,已经拥有了较为成熟的高技术产业,甚至有一些行业实力位居世界前列,这些高技术企业的盈利能力、创新能力都相对较高。

从控制变量来看,政府干预程度方面,环渤海地区、长三角地区以及珠三

角地区的回归系数都为正，但均不显著，说明三个地区政府加大财政支出力度能够促进创新效率的增长，但该作用并不明显。成渝商圈政府干预程度的回归系数是-0.662，并通过了5%的显著性检验，这说明该地区政府干预程度与创新效率是负向关系。人力资本程度方面，环渤海地区、长三角地区、珠三角地区和成渝商圈人力资本程度的回归系数并不显著，这说明在校大学生数量对区域创新效率的效果并不明显，可能是因为地区高校对创新的投资不够，科研工作与社会和企业的创新需求相分离，导致了科研工作的价值不高，进而创新活动产出不高。外商投资水平方面，环渤海地区、长三角地区和成渝商圈外商投资水平的回归系数为正，其中长三角地区和成渝商圈是显著的，说明这两个地区外商投资水平的增加能够带动区域创新效率的提高，珠三角地区外商投资水平的回归系数为负值。这从侧面表明我国各商圈的企业竞争水平、创新环境及营商环境、财政政策和政府干预等在对外商投资水平影响区域创新效率上体现了差异性。具体数值如表4-15所示。

表4-15　　　　　　创新效率Tobit模型回归结果

变量名称	变量符号	环渤海地区	长三角地区	珠三角地区	成渝商圈
科技金融	TF	2.451*** （7.13）	2.714*** （9.17）	1.160*** （4.54）	1.720*** （3.63）
政府干预程度	Gov	0.585 （1.29）	0.666 （1.58）	0.161 （0.39）	-0.662** （-2.56）
人力资本程度	PPC	0.064 （0.84）	0.084 （1.35）	0.068 （1.50）	-0.004 （-0.14）
外商投资水平	FDI	1.619 （0.60）	4.677* （2.39）	-0.427 （-0.32）	2.199** （2.89）
常数项	$\_cons$	-0.132 （-0.30）	-0.322 （-0.83）	0.314 （1.06）	0.852*** （4.21）
样本数	N	70	40	90	20

二、京津冀与环渤海、长三角、珠三角以及成渝商圈的对比

从表4-9可以看出，京津冀省级层面科技金融的回归系数是0.759，小于环渤海地区、长三角地区、珠三角地区以及成渝商圈的回归系数，说明京津冀

科技金融对创新效率的影响要弱于其他4个地区。从创新效率分析，京津冀地区创新投入的最多，但创新产出却是最低的，整体创新效率低下，虽然北京创新效率是全国第一，但河北和天津的创新效率在全国均排名后十。京津冀地区的规模以上工业企业R&D活动人员、京津冀地区的规模以上工业企业R&D经费内部支出和科技支出占一般公共预算支出的比重在5个地区中都是最高的，但国内专利申请授权量和规模以上工业企业新产品销售收入却在5个地区中排在末尾，其中国内专利申请授权量仅是长三角地区的26%，京津冀的创新效率急需提升。

京津冀地区科技金融对创新效率的影响不如其他地区的主要原因在于两个方面：

一是，环渤海地区、长三角地区、珠三角地区和成渝商圈的经济发展程度比较高，经济实力比较强，能够很容易地接触到先进的生产技术，生产水平高，技术进步快，再加上有成熟的资本市场和充足的融资渠道，所以东部地区的科技金融发展具备了得天独厚的条件，对科技金融的投资多，并且4个地区的科技金融系统较为健全，可以很好地满足高技术行业创新发展的内部需要，为推动高技术产业的技术创新创造一个更好的环境。

二是，我国大部分的高科技企业和创新资源都集中在这些地区，高科技产业正在快速发展，吸引了大批高素质的人才，对创新活动的需要和强烈程度都很高，这就形成了一个很好的创新环境，而创新活动的高效率又会对科技金融产生影响，这就促使了科技资本源源不断地流入。因此，科技金融发展对这四个地区创新效率的提高具有更大的促进作用。

京津冀应借鉴环渤海地区、长三角地区、珠三角地区和成渝商圈的发展经验，同时政府部门要对京津冀地区的高科技产业进行合理配置，加大京津冀科技金融在我国高科技产业创新中的作用，促进我国高技术产业的创新协调发展。

三、研究结论与政策建议

（一）研究结论

我们通过分析全国30个省市（自治区）2011—2020年创新效率，研究不同省市（自治区）创新效率的差异以及科技金融对创新效率的影响，重点研究京津冀地区科技金融与创新效率之间的关系，并对京津冀、环渤海、长三角、珠三角以及成渝商圈等5个商圈的科技融资效率进行对比，通过实证检验科技金融对创新效率的作用机理，进而根据不同商圈的技术创新的实际情况，为优化区域创新效率以及地区协调发展提供科学依据。

首先，我们对区域创新效率的相关文献和理论进行了综述和整理，利用DEA-BCC模型对2011—2020年全国30个省市（自治区）的创新效率进行了分析，并利用Tobit模型实证检验了科技金融对创新效率的影响。其次，从省级和地市级层面对京津冀创新效率以及科技金融对创新效率的影响进行分析。最后，研究环渤海地区、长三角地区、珠三角地区以及成渝商圈科技金融对创新效率的影响，将京津冀与其进行比较，并分析京津冀地区与该四个地区的差异原因。

我们的研究主要结论是：

第一，从全国层面来看，全国30个省市（自治区）的综合技术效率平均值整体上呈上升趋势，但达到有效产出的省份较少，仅有不到1/3的省份效率值为1。规模收益上，处于规模收益递增的省份数较多，但从整体上看，规模收益递增的省份数越来越少。2011—2020年全国30个省市（自治区）里，北京的科技创新最强，其综合技术效率为1，北京科技资源配置结构合理，处于全国前列的还有四川和浙江。江苏、青海、陕西、广东、宁夏回族自治区、黑龙江、广西壮族自治区、海南、山东、重庆、新疆维吾尔自治区、云南、江西、贵州、内蒙古自治区、福建、上海、河南、甘肃、安徽和河北的创新效率值处于中等水平，辽宁、吉林、湖南、天津、湖北和山西创新效率排在最后。2011—2020年，我国科技金融发展指数曲线呈现出了上升的趋势，但是总体均值比较低，都在0.25以下。同时，全国30个省市（自治区）的科技金融水平的提高均能够正向促进区域创新效率的提升。

第二，从京津冀层面来看，省级方面，京津冀科技金融对创新效率有显著正向影响。地级市方面，2011—2020年，京津冀地区创新效率呈波动变化的状态，总体上略有提高，但有效创新不够。由于创新投入与产出水平不同，京津冀地区城市的创新效率差异较大，北京和承德的创新最好，基本保持有效产出状态，保定和沧州的创新效率最低，其他城市均处于中等水平。科技金融能够显著提高创新效率，但这种影响存在显著的地区差异：北京和天津的科技金融水平要高于河北，河北的科技金融水平还有待提高；经济发展水平、产业结构水平和邮电业务保有水平与创新效率之间呈显著负向关系，教育水平与创新效率之间呈正向关系，但这一关系的显著性不够。

第三，其他商圈来看，虽然地区经济发展不同，但科技金融都会对区域创新效率产生正向影响。其中，长三角地区科技金融对区域创新效率的影响最大，其次分别是环渤海地区、成渝商圈和珠三角地区。4个地区科技金融对区域创新效率的影响都强于京津冀地区，京津冀应借鉴这些地区的发展经验。

（二）政策建议

在全国层面来讲，有四个建议：

一是要积极探索新的融资方式，调动社会资本的积极性。随着我国科技事业的不断发展和创新能力的不断增强，很多地区依赖于政府投入来提高科技创新效率的模式已经出现了一些问题。因此，需要在政府和企业两个投资主体之间进行适当的转换，将政府的支持方式从直接投资转变为间接投资，如建立科技贷款绿色通道，增加专项信贷额度，支持有条件的地方政府设立风险补偿基金等。

二是要营造良好的创新环境，提高人才的集聚能力。完善科技人才引进体系，完善落户、医疗、出入境等方面的保障措施，培育一批核心技术人才、海外高层次人才和行业领军人才。同时，积极完善现有的人才管理体制，为科技人才创造良好的竞争环境。

三是要加强对科技成果产权的保护，使科技成果转化的链条更加顺畅，促进科技成果和产业发展的深度结合。成立知识产权法庭，为知识产权维权提供便利；探索以互联网技术为基础的综合性科技市场，构建集科技咨询、资源聚集、技术转移为一体的综合服务平台；充分发挥财政科技项目对成果供给的导向作用，根据当地产业发展需要，设立专项资金，支持地方优势产业关键技术攻关。

四是要以政策调整为导向,引导科技监督制度的建设。在科研项目申报过程中,完善奖惩制度,减少寻租和腐败现象;科技基础设施建设要有前瞻性的规划,要引导企业参与,要规范科技基础设施的建设管理体制。

从京津冀层面来讲,有三个建议:

一要充分认识到金融机构在科技创新的重要性,积极引导地方商业银行、股权投资机构和风险投资基金等金融机构积极参与科技创新投资中。天津和河北的科技金融指数比北京要小,科技银行、股权投资机构和券商等金融机构的发展速度都比较缓慢。为此,天津和河北可以在财政、税收等方面给予科技型企业和金融投资机构一定的财政和税收优惠。例如,建立科创型中小企业风险补偿基金,以分散金融机构的投资风险,让商业银行对科创型企业提供科技贷款,对向科创型企业开展创业投资的风险投资机构提供税收优惠和补贴等。

二要加快当地科技银行、股权投资及创业投资机构的建立和完善,增强金融机构对科创型企业的投资积极性和力度,使财政资金能够有效地在科技行业中分配,缓解科创型企业的融资难题,促进当地科技创新的发展。

三是天津和河北也要充分发挥财政资金在科技创新方面的导向和杠杆作用,改进政府财政科技资金的使用和管理工作,保证把资金投向科技领域,可以成立专门的部门,对资金的流出、用途及利用率进行统一的监测,并引进第三方机构,科学评价资金的使用效率,加强资金的使用和风险监测,增强信息的透明度,积极接受社会团体的监督,多项措施保证财政资金在科技开发方面的最大效用。

第 5 章

京津冀近五年
科技金融政策回顾
与展望

第1节
北京市科技金融政策回顾与展望

一、北京市科技金融政策回顾

（一）2018年北京市代表性科技金融政策

2018年，经北京市政府同意中关村管委会、北京市金融工作局和北京市科学技术委员会联合发布《北京市促进金融科技发展规划（2018—2022年）》（以下简称《金融科技规划》）。统筹和规划科技成果转化、金融机构与科技企业融合、政策支持、发展空间布局等各方面工作。

《金融科技规划》分析了北京发展金融科技的机遇与优势，指导思想科学、发展目标明确，推动了金融科技底层技术的创新和应用、加快了金融科技产业链的培育、拓展了金融科技应用场景。在政策层面为着力打造"一区一核、多点支撑"的发展格局提供了保障。北京鼓励和支持企业从人工智能技术在金融领域的创新和应用，大数据技术在业务与客户管理、信用与风险管理、证券投资、保险定价、资管理财、另类数据管理等金融领域的创新和应用，以及以移动互联、物联网为代表的互联技术创新，以云计算、区块链为代表的分布式技术发展，以密码技术、量子技术、生物识别技术为代表的安全技术发展等方面进行金融科技底层技术创新。

在开展金融科技制度创新方面，北京探索并推动了以"监管沙盒"为核心的金融科技监管创新试点和落地，促进了金融科技标准化建设工作，构建了信息数据治理与价值发掘机制，搭建了金融科技国际交流与合作机制，建立了与纽约、伦敦、巴黎等城市交流磋商机制。

北京还多措并举培育和推动了金融科技产业链的建设。

（二）2019年北京市代表性科技金融政策

2019年，《中关村国家自主创新示范区促进科技金融深度融合创新发展支持资金管理办法》（以下简称《办法》）和《〈中关村国家自主创新示范区促进科技金融深度融合创新发展支持资金管理办法〉实施细则（试行）》（以下简称《细则》）发布。中关村管委会为贯彻落实《北京市促进金融科技发展规划（2018—2022年）》等文件精神，制定并发布了本《办法》及《细则》，对部分原有政策进行了调整，对各支持项目的支持对象、支持条件、支持内容、支持额度、申报和审核流程等内容进一步优化，不断加强科技金融政策支持和服务力度，更好地支持中关村科技型企业多渠道融资，引导金融机构开展产品创新和服务创新，降低了企业融资成本，缓解融资难、融资贵问题。

《办法》及《细则》构建了覆盖科技企业全生命周期的金融产品和服务体系，既重点支持创新创业企业，又多重手段引导金融机构。

新增"支持金融科技底层关键技术创新"政策点，支持金融科技企业联合金融机构开展金融科技底层关键技术创新。按照不超过项目总投资或实际支出费用30%的标准给予支持，单个项目支持金额不超过500万元。

新增"支持在中关村各分园建设创投机构及项目集聚区"政策点，支持投资机构推荐技术水平高且实际投入达到一定标准的企业入驻集聚区，给予投资机构推荐入驻补贴，给予入驻企业或专业服务机构房租费用补贴支持，给予集聚区专业化运营主体运营资金补贴。

新增"支持多层次资本市场服务平台建设"政策点，支持境内证券交易机构等在中关村建设多层次资本市场服务平台，为企业提供改制、上市、发债等专业化服务。单家平台每年支持金额不超过500万元。

进一步加大对科技型中小微企业融资支持力度，调整了部分政策点。例如，加大贴息支持力度，统一提高科技信贷产品贴息比例至40%，加大对企业首次贷款、中长期贷款的支持力度，加大对银行、担保等金融机构支持引导力度，支持符合条件的机构为企业提供知识产权证券化融资服务，支持符合条件的企业发行商票进行融资等。

(三)2020年北京市代表性科技金融政策

2020年,中关村科技园区西城园管理委员会发布《关于落实〈关于支持北京金融科技与专业服务创新示范区(西城区域)建设的若干措施〉的实施细则(试行)》(以下简称《若干意见实施细则》)。

《若干意见实施细则》从支持对象的认定、资金补助的政策依据和补助标准及应提交的相关材料、创新支持的类型和标准以及政策依据、交流合作的项目类型、融资支持的政策依据和受理部门、专业服务体系建设的平台类型和政策依据、楼宇提升的改造升级范围和补贴标准及政策依据、工作流程及申请材料要求、监督与管理等做了详细的规定。《若干意见实施细则》政策依据充分、申报材料要求明晰、受理部门明确,具有很强的可操作性。

《若干意见实施细则》的支持对象包括金融科技企业、创新服务平台、专业服务机构、楼宇运营机构,大型金融和科技企业包括金融机构、总部型企业衍生设立的金融科技公司,科技龙头企业衍生形成的提供创新型金融服务的金融科技公司,从事金融科技领域的"大智移云区"等前沿技术研发和应用企业,以及金融科技专业领域孵化加速平台和金融科技产业联盟等行业组织。

《若干意见实施细则》的实施,吸引了大量金融科技企业和专业服务机构入驻西城区域,形成了良好的产业集聚效应。这些企业和机构的聚集,丰富了金融科技生态,推动了金融科技的创新发展。激发创新活力,也推动了金融科技技术的不断突破和应用场景的不断拓展。

《若干意见实施细则》的实施还提升了专业服务的质量和效率。这为金融科技企业的发展提供了有力支撑,促进了金融科技与专业服务的深度融合。

《若干意见实施细则》在鼓励创新的同时,也注重风险防控,通过建立风险评估和监管机制,及时发现和处置潜在风险。为金融科技市场的健康稳定发展提供了强有力的保障,为金融科技企业和投资者提供了更加安全的市场环境。

(四)2021年北京市代表性科技金融政策

2021年，北京市科学技术委员会，中关村科技园区管理委员会联合发布《〈中关村国家自主创新示范区促进科技金融深度融合创新发展支持资金管理办法〉实施细则（试行）》（以下简称《实施细则》）。

中关村一直致力于推动科技与金融的深度融合，《实施细则》的核心目的在于通过专项资金的支持，引导更多的金融资源流向科技创新领域，为科技创新企业提供全方位、多层次的金融服务，完善北京市金融支持创新体系，促进新技术产业化规模化应用，加快推进科技金融供给侧结构性改革，促进金融与科技、产业、经济深度融合，建立适合中关村国家自主创新示范区企业全生命周期发展的综合金融服务体系，助推北京市产业升级和经济高质量发展。

《实施细则》明确了主要支持范围，包括：（1）完善产融结合的金融支撑体系。支持投资机构在中关村示范区开展天使和创业投资；支持在中关村相关分园建设创投项目集聚区，构建特色生态系统，引导投资机构投资的新设科技创新企业或其投资的境外、京外科技创新企业落户聚集区；支持企业挂牌；支持建设多层次资本市场服务平台；支持北京区域性股权市场提供资本市场合规服务；支持企业开展并购重组。（2）持续深化科技信贷创新。支持企业获取银行、担保机构提供的各类科技信贷产品，给予企业一定比例的贴息支持，降低企业综合融资成本；支持中关村科技金融专营组织机构、担保机构在符合国家金融监管体系前提下开展业务模式创新，提升专业化、特色化业务服务能力，根据其开展创新业务规模的一定比例，给予业务激励支持；支持企业通过债券、商票进行融资；支持融资租赁公司为企业提供融资租赁业务服务。（3）支持金融科技引领发展，吸引金融科技企业在金融科技功能区聚集。支持金融科技底层关键技术创新；支持金融科技领域重大基础设施建设；支持拓展金融科技应用场景。

《实施细则》出台以来，中关村示范区的科技金融深度融合创新发展取得了显著成效。一方面，通过专项资金的支持和引导，大量的金融资源流向了科技创新领域，为科技创新企业提供了及时、有效的金融支持。另一方面，政策的实施也推动了中关村示范区内金融机构和服务机构的创新和发展，形成了更加完善的科技金融服务体系。

（五）2022年北京市代表性科技金融政策

2022年，北京市政府出台了《北京市"十四五"时期金融业发展规划》（以下简称《发展规划》），其战略意义主要体现在以下几个方面：（1）构建现代金融体系。加强传统金融与科技金融的融合，优化金融组织体系和业务布局，打造具有国际竞争力的现代金融体系。（2）提升金融业国际竞争力。通过制定明确的战略目标和政策措施，推动北京金融业的发展，提高其国际竞争力，吸引更多的国内外金融机构和人才来到北京，促进金融创新和业务拓展。（3）助力经济增长和转型升级。金融业的发展将带来更多的投资和消费，促进经济增长和转型升级。同时，《发展规划》的实施将优化金融资源配置，支持实体经济的发展，推动产业升级和转型。（4）增强金融风险防范能力。《发展规划》中强调了风险防控的重要性，通过完善风险管理和监管机制，提高服务效率和风险管理水平，降低金融风险，保障金融市场的稳定和安全，促进国家金融稳定和金融安全。（5）大力推进金融科技创新。加强大数据、区块链、人工智能等技术在金融领域的应用，不断提高金融风险管理水平、大力提升金融服务效率。《发展规划》提出了促进金融科技创新的措施，支持金融机构和技术企业开展合作，推动金融科技的应用和发展，将为北京金融业注入新的动力。（6）加强国际合作与交流。《发展规划》的实施将加强北京与国际金融中心城市的合作与交流，引进国际先进的金融理念、技术和经验，推动北京金融业与国际接轨，提高其国际影响力和竞争力。

这些政策的出台表明了北京市政府对科技金融的高度重视和支持，旨在通过政策引导以及财政政策支持，大力推动科技与金融的广泛、深度融合，支持科技创新企业的稳定、健康发展，推动北京的实体经济升级转型。同时，也反映出北京市政府在加强金融风险管理、防范金融风险方面的高度重视和审慎态度。

二、北京市科技金融发展总体情况

北京作为中国科技创新的中心城市，拥有得天独厚的科技资源和金融资源，为科技金融的发展提供了良好的环境。近年来，北京的科技金融发展呈现出快速发展的趋势,有力支撑了北京高新技术企业的快速稳健发展。

相关数据表明,北京科技金融发展指数在7年间增长了84.93%,显示了科技金融的快速发展。此外,北京高精尖产业发展指数也呈现出快速增长的趋势,年均增长率达到20.36%。这些数据表明,北京的科技金融和高精尖产业在快速发展,并且具有较高的增长潜力。

科技金融支撑有力,产业基础不断夯实。北京的科技金融发展指数从2014年的0.49增长到2021年的0.91,显示了科技金融的快速发展和不断夯实的产业基础。科技金融的发展为北京高精尖企业提供了优质服务,推动了高新技术企业的快速发展。

科技金融赋能特色优势产业,培育万亿级产业集群。北京的高精尖产业呈现出快速增长的趋势,其中软件、电子通信设备产值占比和医药制造、医疗仪器设备产值占比的贡献度较大。此外,北京还重点发展了一批具有国际竞争力的万亿级产业集群,包括新一代信息技术、生物医药、新能源等。这些产业集群的形成和发展也为北京的科技金融发展提供了强有力的支撑。

三、北京市科技金融发展的经验与启示

一是政府引导和政策支持。北京市政府在科技金融的发展中起到了关键的引导作用。通过制定各种政策,如税收优惠、财政补贴等,鼓励和推动科技与金融的深度融合。此外,还设立了专门的科技金融服务平台来对接科技创新项目的投融资需求。

二是金融资本与科技创新有效对接。北京通过建立科技园区、孵化器等科技创新基地,聚集了大量的科技创新企业和人才。与此同时,通过政策引导金融资本有序进入科技创新基地,达到了科技与金融的有效对接。

三是科技金融服务体系不断完善。北京积极推动科技金融服务的多元化和专业化,建立了包括商业银行、创业投资、多层次资本市场等在内的全方位科技金融服务体系。

四是人才培养与国际合作。北京重视科技金融人才的培养,通过设立培训机构、提供奖学金等方式,培养了大量的科技金融人才。同时,还积极开展国

际合作，引进国外先进的科技金融服务理念和模式，在国际科技金融领域彰显北京竞争力。

五是重视监管创新与加大风险控制力度。北京在推动科技金融发展的同时，也非常注重监管手段创新和细化强化风险控制措施。通过建立科技金融监管平台，完善风险评估、预警和应对机制，确保科技金融的健康发展。

四、北京市科技金融发展展望

北京作为我国科技创新的重要基地，科技金融发展取得了显著成效。然而，面对国内外复杂多变的经济形势和金融风险挑战，北京科技金融发展仍需在以下几个方面加强：

一是要持续推动科技金融创新。鼓励金融机构持续开展科技金融创新，对接科技创新需求，推出更多满足市场需求的金融产品和金融服务。

二是不断加强科技金融风险管理。建立健全科技金融风险管理体系，提高风险防范意识和能力。

三是持续优化北京科技金融的生态环境。加强产业政策、财政政策的引导和支持力度，持续改善和优化科技金融生态环境。

四是科技金融覆盖面有序扩大。推动更广泛的科技创新企业享受技金融服务。

未来，北京将继续推动高精尖产业与科技金融的融合发展，推动科技金融与科技创新的更多互动与协同发展，为北京进军全球科技创新中心城市的形成和发展做出更大的贡献。

第2节
天津市科技金融政策回顾与展望

一、天津市科技金融政策回顾

（一）2018年天津市代表性科技金融政策

2018年，天津市科委、市财政局联合发布了《天津市天使投资引导基金管理办法》（以下简称《办法》）。《办法》通过政府引导基金的方式，吸引更多的社会资本参与天使投资，为初创企业提供更为广泛的资金支持。旨在通过实施《办法》，确保天使投资引导基金的使用透明、规范，实现资金的高效运作，最大限度地发挥其杠杆效应。

随着引导基金的注入，社会资本对于天津的天使投资兴趣明显增强，投资项目和金额均有所增长。众多初创科技型企业得到了资金支持，得以快速发展，部分已成功转化为高成长性企业。引导基金在运作过程中，逐步形成了一套科学、规范的管理模式，确保了资金的安全和高效使用。

《办法》对天津的天使投资环境和资金运作方式产生了深远的影响。一方面，投资环境改善。政府引导基金的介入，为天津的天使投资市场注入了信心，使更多投资者愿意将目光投向这里，从而改善了整体的投资环境。另一方面，资金运作创新。引导基金不仅提供资金，更重要的是为天津市的天使投资带来了新的运作模式和管理经验，推动了资金运作的创新。《办法》的出台，为初创科技型企业提供了稳定的资金来源，大大降低了其创新的风险，推动了天津的科技成果转化和产业升级和经济发展。

(二) 2019年天津市代表性科技金融政策

2019年，天津市科学技术局、天津市财政局发布了《天津市科技创新券管理办法》（以下简称《管理办法》），《管理办法》旨在通过科技创新券这一金融工具，降低科技型企业创新成本，提高创新效率。主要内容包括：发放对象、发放标准、使用范围等方面。

随着创新驱动发展战略的深入实施，科技创新在推动经济社会发展和提升国际竞争力方面的重要性日益凸显。为了有效降低科技型企业的创新投入成本，进一步推动优质科技资源的产、学、研合作与对接，天津2019年11月15日发布了《关于启动2019—2020年度科技创新券有关工作的通知》，在2020年3月底、6月底分批启动创新券兑现受理工作。以创新券制度来激发科技型企业的创新热情，引导、支持企业开展科技创新活动，提高科技创新的积极性和成效。

《管理办法》明确指出，创新券是由天津市科学技术局免费向符合规定条件的企业发放，以支持科技型企业向各大科研院所、各高校以及有关科技服务机构购买与企业的科技创新活动直接相关的科技服务。该措施的落实有效解决了企业在科技创新过程中遇到各种难题，如获取专业科技服务的难度、创新投入成本过高等。

通过实施创新券制度，天津不仅进一步优化了科技创新的生态环境，还在一定程度上提高科技创新的效率和成果转化率。首先，创新券制度为企业提供了便捷的科技服务获取渠道，降低了企业在科技创新过程中的投入成本。其次，通过与科研院所、高校及科技服务机构的合作，企业借助这些科研学术机构的专业知识和技术优势，提高自身的科技创新能力和水平。最后，创新券制度还促进了产学研合作对接，推动了科技成果的转化和应用，为天津市的经济社会发展注入了新的动力。

(三) 2020年天津市代表性科技金融政策

2020年，天津市科学技术局、天津财政局联合发布了《关于建立高成长初创科技型企业专项投资扶持机制的意见》和《天津市高成长初创科技型企业专项投资管理暂行办法》两个支持科技金融发展的政策文件，旨在建立高成长初创科技型企业的专项投资扶持机制，通过提供资金支持、优化投资环境、加强人才培养等措施，促进这些企业的发展壮大。

这两个文件的主要内容包括以下几个方面：一是设立专项投资基金，为高成长初创科技型企业提供股权投资、贷款担保等资金支持，缓解企业融资难问题。二是加大对高成长初创科技型企业的支持力度，优化行政审批流程，减轻企业负担，提高企业运营效率。三是鼓励企业加强人才培养和引进，提供培训、交流等平台，提升企业核心竞争力。四是支持企业与高校、科研机构开展产学研合作，推动科技成果转化和应用。

《关于建立高成长初创科技型企业专项投资扶持机制的意见》以聚焦引育新动能，建立和完善以"分担风险、让利退出"为特点的支持高成长初创科技型企业扶持机制，探索科技金融创新服务新范式为指导思想。确定了"政府出资，支持早期；分担风险，让利退出；规范管理，尽职免责"的基本原则。明确了通过政府专项投资引导，优化高水平人才团队创新创业环境，促进重大科技成果转化，5年内引育不少于100家高成长初创科技型企业。

《天津市高成长初创科技型企业专项投资管理暂行办法》出台的目的在于统筹使用天津市天使投资引导基金、创业投资引导基金、科技小巨人企业产业并购引导基金，回收资金与收益循环投资，从中安排专项投资资金，重点投资高风险初创科技型企业；构建相互衔接、覆盖科技型企业初创期、成长期、壮大期各阶段的科技风险投资体系，更好发挥政府资金引导作用。与企业签订投资协议，明确约定让利、退出等相关安排。专项投资在企业成长初期投资入股，分担企业创业失败风险，在企业上市前、新的社会资本投资前等节点退出。

这两项政策的实施有效促进了高成长初创科技型企业的发展，不仅使受资助企业发展态势良好，对天津经济增长的贡献率逐渐提高。同时，政策的实施也带动了社会资本的投入，形成了良好的创新创业氛围。

(四)2021年天津市代表性科技金融政策

2021年,天津市科技局制定了《天津市雏鹰企业、瞪羚企业、科技领军企业和科技领军培育企业评价与支持办法》(以下简称《评价与支持办法》)。

《评价与支持办法》旨在通过制定明确的评价标准与支持机制,加速培育和扶持天津的雏鹰企业、瞪羚企业、科技领军企业和科技领军培育企业。这些企业在天津的经济增长和创新发展中起到了关键作用。通过此政策,政府希望激发这些企业的创新活力,促进其快速、健康地发展,从而推动天津整体的经济增长和产业升级。

《评价与支持办法》的主要内容有,一是明确了雏鹰企业、瞪羚企业、科技领军企业和科技领军培育企业的具体评价标准,包括企业的创新能力、市场竞争力、发展潜力等多个方面。二是提出支持措施,针对不同类型的企业,政策提供了包括资金支持、税收优惠、技术转移转化、市场开拓等多方面的具体支持措施。例如,为雏鹰企业和瞪羚企业提供贷款担保和融资支持;为科技领军企业和科技领军培育企业提供研发资金和技术转移转化服务等。三是建立动态的管理机制,对企业的资格进行定期评价和审核,确保政策的有效实施和企业持续健康发展。

天津通过实施《评价与支持办法》为企业提供了多元化的资金支持,有效缓解了企业在研发、市场开拓等方面的资金压力,为企业的发展注入了强大的动力。该项政策鼓励和支持企业进行技术转移转化,推动了科技成果的产业化进程,加速了创新技术的市场应用。还为企业提供了市场开拓的支持,帮助企业扩大市场份额,提高了企业的市场竞争力。通过支持这些具有高成长性的企业,推动了天津的产业升级和结构调整,加速了区域经济的发展。随着这些企业的发展壮大,不仅为社会创造了更多的就业机会,提高了地方财政收入,同时也提升了天津市的科技创新形象。

该项政策的实施,加速了天津企业的创新进程,促进科技与经济的深度融合。更多具有高成长性的企业将得到有效的支持和发展,从而推动天津的产业升级和经济持续健康发展。同时,随着这些企业的壮大,也进一步带动天津乃至全国的科技创新水平提升。

（五）2022年天津市代表性科技金融政策

2022年，天津市科学技术局、天津市财政局联合发布《天津市天使投资引导基金管理暂行办法》（以下简称《暂行办法》）。

出台《暂行办法》旨在推动打造自主创新重要源头和原始创新主要策源地，引导社会资本投早、投小、投"硬科技"，加快科技成果转化，促进产业发展，设立天津市天使投资引导基金（以下称"天津市天使母基金"）。通过引导和放大效应，鼓励和引导更多社会资本投向早期创新型企业，支持初创科技型企业快速成长，助力天津产业创新和科技成果转化。

该《暂行办法》明确天津市天使母基金目标总规模100亿元，首期40亿元，采用"1+N"模式，设立市、区两级联动的天使母基金群。《暂行办法》以培育和发展天使投资市场，促进早期创新型企业的发展为目标。《暂行办法》规定市级天使母基金采取有限合伙制的组织形式，遵循政府引导、市场运作、科学决策、防范风险的管理原则，运作模式为参投子基金和市场化跟投。《暂行办法》还明确由市科技局会同市财政局统筹推进市级天使母基金筹备、设立、绩效管理和监督工作。《暂行办法》规定由天使母基金管理公司负责市级天使母基金的日常管理，由市科技局对天使母基金管理公司运营市级天使母基金情况进行年度绩效考核。《暂行办法》还对市级天使母基金参投子基金设立条件、返投额度以及子基金不得从事的业务、子基金银行托管、子基金合伙等事项做了详细规定。

《暂行办法》的实施有效激发了社会资本的活力，优化了天津的投融资环境，为初创科技型企业提供了更多的融资渠道和资金支持。促进了科技成果的转化和应用，推动了天津产业创新和科技进步。《暂行办法》规定市科技局有权对连续两年考核不合格的天使基金取消其受托管理资格；对发生重大过失或违规行为等造成恶劣影响的基金管理人视情况给予约谈、批评直至取消其受托管理资格，涉嫌犯罪的移送司法机关。通过实施该《暂行办法》加强了对天使投资行业的监管和管理。

二、天津市科技金融发展总体情况

首先，天津在科技金融方面加大了投入力度，政府引导基金出资9.3亿元，参股设立子基金27支，投资科技型企业259家，带动投融资213.6亿元，扶持科技企业做大做强。这种全生命周期的金融支持体系为科技型企业提供了有力的支持。

其次，天津还创新优化了金融产品与服务，助力科技型企业贷款达1 096亿元，同比增长8.7个百分点。这种创新优化有助于满足科技型企业的融资需求，降低融资成本。

此外，天津借助科技担保有效服务了1 700余家科技型企业，在保余额超过30亿元。本项担保服务为科技型企业提供了更多的融资渠道和保障。

最后，天津持续加大科技型企业梯度培育力度，评价入库雏鹰、瞪羚、科技领军（培育）企业预计分别超过5 000家、400家、240家。同时，强化对孵化机构的精准服务和重点培育，构建"区级培育、市级认定、推荐国家"三级培育体系，引导专业化、特色化发展，持续做大底数，扩大国家级数量。预计新增市级孵化机构15家，入孵企业超过4 500家。

综上所述，天津在科技金融方面取得了显著的发展成就，为科技型企业提供了全方位的金融支持和服务。未来，天津将继续加大科技金融的支持力度，推动科技和金融的深度融合，为天津的科技创新和经济发展做出更大的贡献。

三、天津市科技金融发展的经验与启示

天津作为我国的重要科技城市之一，其在科技金融发展方面积累了宝贵的经验。

一是政府引导，市场运作。天津在科技金融发展过程中，充分发挥了政府引导和市场运作的优势。政府通过出台相关政策、设立专项基金等方式，引导金融资源向科技领域倾斜。同时，市场在资源配置中发挥了决定性作用，推动

了科技金融的健康发展。

二是创新金融服务模式。天津积极探索创新金融服务模式，为科技型企业提供全方位的金融服务。包括设立科技保险、科技担保和科技银行等机构，让科技型企业可以选择定制化的金融产品，享受定制化的专业服务。不仅如此，还通过引入了风险投资、股权投资等模式，拓宽科技型企业的融资渠道。

三是做实产学研合作。天津高度重视产学研合作，政府引导搭建产学研合作平台，有效地促进了科技成果转化以及科技成果产业化。政府通过出台系列政策来引导、鼓励高校和科研机构与企业间的合作，实现了协同推动科技成果转化为现实生产力的目标。这一合作模式在提高科技创新效率的同时也降低了金融风险。

四是重视政策环境的优化。天津通过优化政策环境来提升科技金融发展的保障力度。政府通过出台人才引进、税收优惠和财政补贴等系列政策来支持科技金融的发展。这些政策有效地降低了科技金融发展的成本，提高了市场参与度。

四、天津市科技金融发展展望

尽管天津在科技金融方面取得了一定的成绩，但仍面临着一些挑战。首先，科技创新的风险较高，需要更加完善的风险评估体系来降低投资风险。其次，与北京相比，科技金融人才需要加大培养力度。此外，天津还需要进一步拓展科技金融服务的覆盖面，提高服务质量和效率。

同时，天津科技金融发展也面临着诸多机遇。随着京津冀协同发展的深入推进，天津将有更多的机会与北京、河北等地的金融机构合作，实现资源共享和优势互补。同时，国家自贸试验区等重大战略的落地也将为天津科技金融发展提供更加广阔的空间。此外，人工智能、大数据等新兴技术的发展也将为天津科技金融创新提供新的动力。

为推进科技金融的进一步发展，天津还需更加重视以下方面的工作：一是建立健全科技金融政策体系。政府应继续出台相关政策措施，引导社会资本参与科技创新、鼓励金融机构加大对科技企业的信贷支持力度。与此同时，科技企业的信用评价体系还需要进一步的完善,使金融机构的风险处于较低水平。二是持续加强对科技金融人才的培养。比如,可设立科技金融人才的专项培训计划,快速培养一批既懂金融管理又懂科技创新的复合型人才。另外,还可引导和鼓励高校开设科技金融相关专业课程,为天津科技金融发展提供人才储备。三是扩大科技金融服务覆盖面。政府应鼓励金融机构开发更多适合科技企业的金融产品和服务,满足不同类型科技企业的融资需求。加大对科技企业的扶持力度,切实提高科技企业的融资能力。四是要加强区域合作与国际交流。天津应积极与北京、河北的金融机构合作,实现资源共享和优势互补。同时,要积极参与国际科技金融交流与合作,引进国际先进的科技金融理念和做法,提高天津科技金融的整体水平。五是要持续推动科技创新与金融资本深度融合。政府用制度政策来引导金融机构提升对科技创新的支持意愿和支持力度,推动科技创新与金融资本深度融合。同时,要进一步完善科技创新风险评估体系,降低投资风险。六是构建完善的科技金融监管体系。政府应加强对科技金融市场的监管力度,防范金融风险。七是建立健全信息披露机制和风险预警机制等措施来保障天津科技金融市场的稳定和健康发展。

第3节
河北省科技金融政策回顾与展望

一、河北省科技金融政策回顾

（一）2018年河北省代表性科技金融政策

1.2018年，河北省人民代表大会常务委员会审议通过《河北省促进企业技术创新条例》（以下简称《条例》），《条例》从2018年9月1日起施行。

大力推进科技型企业进行技术创新，提高河北科技型企业的核心竞争力，对于河北实现经济高质量发展具有极其重要的意义。引导、激励、服务和保障是《条例》的重中之重。《条例》从产业政策的高度、从理顺政府和市场关系的角度，扣准企业技术创新的重点和难点，立足"促进"来设计制度，解决政府如何发挥引导、激励、服务、保障等作用。不仅包括了科技产品质量提升和品牌培育、军民融合和产学研融合，还包括知识产权保护等系列内容，贯穿了新技术、新工艺、新产品的研究开发、中间试验以及市场化推广的全过程，涵盖了企业技术创新全链条、全过程、全要素涉及的短板与关键环节。

2.2018年，《河北省人民政府关于印发河北省科技创新三年行动计划（2018—2020年）》发布。

河北实施该行动计划，旨在达成以下目标：一是实施科技创新引领工程。通过加强基础研究、应用研究和成果转化，提升河北省的科技创新能力和水平。重点支持人工智能、新能源、生物医药、高端装备制造等领域的科技创新项目，培育一批具有国际竞争力的创新型企业。二是推进科技与经济深度融合。促进科技创新与产业发展相结合，加速科技成果转化和应用。鼓励企业加大研发投入，提高技术创新能力和市场竞争力。加强科技园区、孵化器和众创空间等科技创新平台建设，推动产学研用深度合作。三是不断深化科技体制改革。推进科研院所的改革，引导和促进科研机构与企业的广泛交流与深度合作。推行科技成果转化奖励相关政策，激励科研人员科技成果转化的积极性和主动性。强化知识产权的管理和保护，营造良好的科技创新环境和创新氛围。四是高度重视科技创新人才的队伍建设。采取有力行动加大对高层次的科技创新人才的引进力度和不断完善科技人才的培养举措，组建多领域高水平科技创新团队。鼓励企业加强员工技能培训和继续教育，提高职工的技能水平和综合素质。五是加强科技创新国际合作。积极引进国外先进的科技创新资源和技术，推动河北科技创新发展。高度重视科技型企业与知名科研机构、知名高校的交流与合作，签署联合科技创新项目和人才培养战略协议。

（二）2019年河北省代表性科技金融政策

2019年，《河北省科技金融深度融合行动方案（2019—2021年）》（以下简称《行动方案》）出台。这是河北省政府为促进科技与金融深度融合，推动科技创新和实体经济发展而制定的一项重要政策。该《行动方案》旨在通过优化金融资源配置，加强科技创新与金融创新的协同作用，为河北经济高质量发展提供强有力的支撑。《行动方案》主要围绕以下几个方面推进科技与金融深度融合：一是扩大科技信贷规模。通过政策引导金融机构加大对科技型企业的信贷投放力度，大力推出各种类型的科技信贷产品，使科技型企业融资更加便利。二是不断创新科技金融的服务模式。使探索科技金融服务新模式成为金融机构的新常态，推出科技保险、科技担保等产品，使科技型企业享受新的科技金融服务。三是不断完善科技金融的信用体系。加快建设科技金融信用体系，加快构建以科技企业信用管理为核心的科技金融风险防控机制，降低金融机构的风险成本。四是加强科技金融合作。推动金融机构与政府、高校、科研院所等开展深度合作，共同推进科技创新和产业升级。五是营造良好的科技金融环境。通过加强政策引导、优化监管措施、完善配套服务等措施，营造有利于科技金融深度融合的良好环境。

《行动方案》明确了河北省政府对科技金融发展的重视和支持，为金融机构和科技型企业提供了强有力的政策保障。《行动方案》通过扩大科技信贷规模、创新科技金融服务模式等措施，有助于解决科技型企业融资难、融资贵的问题，为科技创新和产业升级提供有力的资金支持。《行动方案》强调了科技创新与金融创新的协同作用，有助于实现资源优化配置，提高经济运行效率。《行动方案》的实施，一方面完善了科技金融信用体系，使金融机构的风险成本不断降低，另一方面提升了金融服务的质量和效率。另外促进了科技金融合作多方共赢的局面，推动科技创新和产业升级的协同发展。

（三）2020年河北省代表性科技金融政策

1.2020年，河北省印发《河北省科技企业贷款风险补偿实施细则》（以下简称《实施细则》）。

科技企业快速发展，融资难、融资贵问题逐渐凸显，成为制约科技企业发展的瓶颈。为了解决这一问题，河北省政府出台了《河北省科技企业贷款风险补偿实施细则》，通过政府引导、市场运作的方式，鼓励金融机构加大对科技企业的信贷支持力度，促进科技企业健康发展。

该《实施细则》的出台，一方面使科技企业的融资难、融资贵的问题得到了有效的缓解，另一方面为科技企业的发展资金需求提供强有力的支持。另外促进和推动了科技创新加速和科技型企业转型升级，促进河北经济高质量发展。同时，《实施细则》还有利于深化金融供给侧结构性改革，提升金融服务实体经济的能力和水平。

该《实施细则》有以下几个特色和亮点：一是政府引导、市场运作。政府通过出台政策、搭建平台等方式引导金融机构加大对科技企业的信贷支持力度，同时市场机制也发挥了重要作用，实现了政府与市场的有效结合。二是贷款风险补偿机制。该《实施细则》建立了贷款风险补偿机制，对于金融机构向科技企业发放的贷款出现风险时，可以按照一定比例获得补偿，提高了金融机构对科技企业的信贷支持意愿和积极性。三是覆盖面广。该《实施细则》适用于河北省内注册的各类科技企业，包括高新技术企业、科技型中小企业等，覆盖面较广。四是贷款期限灵活。该《实施细则》规定金融机构可以向科技企业发放期限灵活的贷款，可以根据企业的实际需求和还款能力确定贷款期限，有利于满足科技企业的多样化融资需求。五是简化审批流程。该《实施细则》要求金融机构简化审批流程，提高审批效率，为科技企业提供更加便捷、高效的金融服务。

2. 2020年，河北省出台《河北省省级科技创新券实施细则》。这个细则的目的在于通过提供财政支持，鼓励企业加强科技研发，提高技术创新能力。

在这个细则中，河北明确提出科技创新券是一种"普惠性"政策，旨在为科技型企业提供实实在在的帮助，降低其创新成本。该细则的实施，激发了企业的创新活力，促进了技术转移和成果转化，推动了河北省的科技创新发展。

该细则对科技创新券的发放条件、使用规则以及监督措施都做了明确的规定。首先，科技型企业是科技创新券主要的发放对象，且发放标准公开透明，符合条件的企业都可以申请。其次，科技创新券的使用范围广泛，包括但不限于科技研发、技术转移、成果转化等，可以满足企业的不同需求。最后，细则还规定了科技创新券的监督机制，确保其使用效果和公平性。

（四）2021年河北省代表性科技金融政策

1. 河北省科学技术厅、河北省财政厅印发《河北省科技金融深度融合行动方案（2021—2025年）》（以下简称《行动方案》）。

这是河北省政府为了推动科技与金融的深度融合，加快科技创新和产业升级，促进全省经济高质量发展而制订的一项行动方案。其核心内容包括：在全省建立统一的科技金融服务平台，目的在于对各类科技金融资源进行整合，对科技型企业提供全方位的金融服务；鼓励金融机构不断创新推出科技信贷产品和科技金融服务，向科技型企业提供高效率、低成本的信贷支持；鼓励保险公司开展创新科技保险新产品，多渠道为科技型企业提供风险分担与保障服务；引导和支持科技型企业进入资本市场融资，鼓励科技型企业利用股权、债券等多渠道、多方式筹集资金；推动河北科技与金融的深度融合，引导和鼓励金融机构积极参与科技创新项目，参与科技创新成果的转化以及科技创新的产业化；加强科技金融人才的培养和引进，为科技与金融的深度融合提供人才保障。《行动方案》的突出特点有：一是注重整体规划。该《行动方案》从整体上规划了科技与金融深度融合的路径和措施，明确了各个方面的任务和目标，有利于各项工作的协调推进；二是突出创新驱动。该《行动方案》强调科技创新与金融创新的互动和融合，有效推动河北的科技创新和产业升级；三是强调和突出市场的导向作用。《行动方案》以市场为导向，充分发挥产品市场、技术市场、金融市场等各类要素市场在资源配置中的作用，鼓励企业通过资本市场进行融资，有利于提高企业的竞争力和市场适应能力；四是注重风险控制。该《行动方案》强调风险管理的重要性，鼓励金融机构加强风险管理，保障资金安全，有利于降低金融风险的发生概率和影响程度；五是强化政策支持。该《行动方案》提出了多项政策措施，包括财政资金支持、税收优惠、人才引进等，有利于推动科技金融深度融合的各项工作顺利开展。

2.2021年，河北省科技厅印发《河北省科技投资引导基金管理办法》（以下简称《管理办法》）。

为了更好地支持河北的科技产业发展，吸引社会资本投入，促进科技成果转化，规范科技投资引导基金管理，提高财政出资效益，撬动更多社会资本投资科技企业，助力创新链产业链资金链深度融合，河北省发布了本《管理办法》。

《管理办法》明确河北省科技厅是科技引导基金的主管部门，负责科技引导基金的业务指导工作。河北省科技金融发展促进中心是科技引导基金管理机构，根据授权代行出资人职责，负责科技引导基金的具体投资运。河北省科技引导基金采用"母子基金"模式运作，总规模基数为12.85亿元，根据科技引导基金投资运作情况和河北省科技创新发展需求，适时增加基金规模。科技引导基金与其他社会资本实行"同股（份额）同权"，并按照"利益共享、风险共担"原则，约定收益处理和亏损承担方式。《管理办法》还明确了让利与退出机制、风险控制措施，《管理办法》还制定了绩效评价与监督管理措施，以加强对引导基金的运作进行全程监管，确保资金安全和合规运作。

自《管理办法》发布以来，资金撬动效应显著，引导基金的支持促使更多创新型企业和项目得以孵化，加快了科技成果的产业化步伐。促进了科技创新和产业的集聚发展，形成具有区域特色的产业集群。该《管理办法》的出台还丰富和完善了河北的科技金融政策体系。

（五）2022年河北省代表性科技金融政策

2022年，河北省印发《关于推动金融服务科技创新发展的工作方案》（以下简称《工作方案》）。《工作方案》的主要措施包括：（1）设立科技金融的专营机构：鼓励有条件的银行、保险、证券等金融机构设立科技金融专营机构或部门，为科技创新企业提供专业化的金融服务；（2）创新金融产品和金融服务：科技金融的专营机构开发并推出适合于科技创新企业的金融产品与金融服务，如科技租赁、科技担保、科技保险等，满足不同阶段的融资需求；（3）加强科技与金融的融合：通过建立科技与金融合作机制，搭建科技创新企业与金融机构之间的桥梁，促进双方的合作与交流；（4）完善科技金融配套服务：加强科技金融配套服务建设，如完善信用体系、建立风险评估机制、提供法律咨询等，提升科技创新企业的融资能力和风险管理水平。

为确实保障该方案的落地，《工作方案》还制订详细的实施计划和时间表，明确各项任务的责任单位和完成时间；建立定期监测和评估机制，及时掌握工作方案的执行情况，对出现的问题及时进行调整和改进。

该《工作方案》的实施不仅提升了科技创新企业的融资能力和风险管理水平，促进企业的发展和创新，还加强了金融机构与科技创新企业的深度合作与交流，实现双方的互利共赢，优化了河北的科技创新环境和金融生态环境，推动河北省的经济高质量发展。

二、河北省科技金融发展总体情况

河北的研发投入强度在"十三五"期间有显著增长，由1.18%增长到1.7%。这一趋势显示出河北对科技研发的重视程度正在不断提升。高新技术企业与科技型中小企业发展迅速：河北的高新技术企业从1 628家增长到9 400家，科技型中小企业也从2.9万家增长到8.7万家。这些指标的快速增长表明河北在科技创新活动日趋活跃。"十三五"期间，河北共有51项科研成果获得国家科技奖，并在2018年和2019年连续两年摘得国家科学技术进步奖一等奖。创新平台建设成果显著，国家级创新平台达到17家，省级以上科研平台达到1 211家。

科技金融融合发展成效显著。全省科技投资引导基金总规模达到12.85亿元，累计设立子基金29支，子基金规模150亿元，撬动社会资本135亿元。

2020年发放科技创新券1 659万元，与8家银行签订科技企业贷款风险补偿协议，设立科技支行12家，划拨保证金1亿元，补偿贷款35亿元。

2022年度河北向科技企业发放贷款突破2 000亿元，按照《河北省科技企业贷款风险补偿实施细则》，河北加大对合作银行的信用类贷款风险补偿比例，扩大了贷款的补偿范围；对上年度科技企业贷款余额较前一年度有增长的给予合作银行奖励；推动政府与合作银行建立科技信息共享机制，开放科技企业数据库全年累计向合作银行推送10万余家，各类科技企业数据达30万条次，该措施的实施使科技企业的成功获贷率得到大幅提升。针对科技企业由于轻资产运行导致企业自身的抵押物不足，但企业发展对信用贷款需求又旺盛等特点，河北省与合作银行一道不断创新金融产品，开发了"科冀贷""快捷贷""e企快贷"等具有纯信用、全线上、支出自主、快速支付特点的信贷产品在全省推广应用。在2022年1 000万元以下的科技企业贷款中，信用类贷款24 314笔、占比70%，信用类贷款资金占比超过60%。

河北省政府专业部门与多家银行签署合作协议，全省科技企业贷款风险补偿合作银行数量稳步增长。河北省分别与多家银行联合开展了"政银联动助力科技园区""一体两翼"助力科技创新、科技金融创新服务"十百千万"等多项专题活动，通过专题活动共向科技企业发放贷款近300亿元，为河北对重点产业进行"补链、强链、延链"提供了资金保障。

三、河北省科技金融发展的经验与启示

近五年以来，河北在科技金融发展方面积累了丰富经验，主要表现在以下几个方面：

一是完善政策保障。河北省政府出台了一系列支持科技金融发展的政策文

件，包括实施税收优惠、设立财政专项资金、政府采购等具体措施，从政策保障方面为科技金融的发展提供了有力支持。

二是加强金融机构合作。河北积极引导各类金融机构加强合作，推动科技金融与实体经济的深度融合。河北省政府专业部门牵头协调与多家银行签订战略合作协议，使科技型企业可以获得定制化的金融服务。

三是创新金融产品和服务。河北引导合作金融机构以科技型企业的多元化需求为导向不断推出创新的金融产品和金融服务。例如，推出股权质押贷款、知识产权质押贷款等创新产品以满足科技型小微企业的融资需求。

四是政府专项资金引导作用的发挥。河北通过设立科技成果转化专项基金、创业投资引导专项基金等，引导各路社会资本向科技型企业投资，政府资金的杠杆效应和引导作用得到有效发挥。

五是多层次资本市场体系的构建。河北通过支持科技型企业发债或上市融资来推动多层次资本市场的发展。同时，还设立了股权交易中心等机构，为科技型企业提供更加灵活的融资渠道。

六是加强风险防控。河北在推动科技金融发展的同时，也注重风险防控。通过建立风险预警机制、实施严格的风险分类和风险管理措施等手段，有效防范和化解了科技金融风险。

此外，在操作层面，河北注重各种政策的落地，其多数政策文件明确了各项任务的具体目标、责任主体和时间节点等，以确保政策的落地实施。另外建立了协调机制，加强相关部门之间的沟通协调，形成工作合力，共同推进科技金融的发展。

四、河北省科技金融发展展望

河北在科技金融领域已具备一定的基础，但还存在一些问题。首先，科技创新与金融资本的结合不够紧密，缺乏深度融合。其次，科技金融的专业服务机构和人才队伍尚不健全，无法满足市场需求。最后，科技金融的风险防控机制有待完善。"十四五"期间，科技金融的融合发展将成为促进河北经济转型升级、提升区域竞争力的重要手段。河北还需要从下列各方面发力来进一步做大做强科技金融的增量和质量。

一是进一步开放思想，加大政策支持力度。河北应加大财政支持、税收优惠，引导投资、孵化器建设等。着重支持科技型专精特新、"小巨人"企业、初创企业、创新项目等，并以此促进金融与科技的深度融合。

二是建立多元科技金融体系。引导和鼓励银行、保险公司、基金公司、证券公司等各类金融机构参与科技金融活动。同时，发展众筹、债券融资、股权融资等多元化的融资方式，多层次、多渠道地满足不同类型、不同发展阶段的科技型企业的融资需求。

三是进一步大力持续推动科技创新金融的广泛合作与深度融合。鼓励、引导和支持科技创新与金融的广泛合作与深度融合，包括但不限于科技成果转化、知识产权质押等。大力推动科技企业在资本市场上市，以实现产业与资本的良性互动。

四是打造良好的科技金融生态环境。通过加强信息共享、推动信用体系建设、优化法律服务等手段，打造良好的科技金融生态环境。

第 6 章

京津冀科技金融
体系协同路径

第1节
京津冀科技金融协同发展的定位及现状

一、京津冀科技金融协同发展的基础

（一）科技金融政策协同

京津冀作为中国最具有创新活力和动能的地区，正不断探索做优科技创新环境、做强科技孵化平台、做畅科技成果转化的创新型社会之路。其中，科技金融政策发挥了促进科技创新的重要支撑作用。党和政府在京津冀科技金融协同发展中扮演着引导作用，通过出台一系列纲领性文件，如《国家创新驱动发展战略纲要》等，明确了科技创新和金融协同发展的战略目标和政策导向，这也为地方政府制定和实施具体政策提供了指导。京津冀三地政府相继签署了一系列协同发展的合作协议，包括《京津冀农业科技协同创新中心共建协议书》《京津冀金融服务一体化战略合作协议》和《京津冀协同发展金融服务战略合作框架协议》等。这些协议在金融服务、科技创新等领域提供了明确的政策支持，为金融服务的高效流动创造了制度保障。

面对非首都功能疏解的需求，相关政策文件如《开发性金融支持京津冀协同发展合作备忘录》提供了相匹配的信贷支持，为非首都功能疏解提供了金融保障，促进了产业升级和经济结构调整；为促进科技创新和产业发展，政府发布了一系列产业支持政策，包括科技创新引导基金、科技企业孵化基地建设等，为科技企业提供了资金、土地、税收等多方面的支持；为吸引和培养高端科技金融人才，政府推出了人才政策，包括引入国际人才、设立奖学金和科研基金等，为科技金融领域的人才培养和引进提供政策支持。这一全面的政策支持体系为京津冀科技金融协同发展提供了有力的政策保障和引导，促使各方共同参与推动协同发展的各项工作。政策支持的全面性和协同性是京津冀科技金融协同发展成功的基础之一。

（二）金融机构落实协同

京津冀地区汇聚了全国政治经济发展的资源，拥有大量全国性金融机构，同时还拥有目前全国资产规模最大的城市商业银行，它们是科技金融服务的主要推动力。在京津冀三地的协调机制框架下，共同制定了《京津冀协同发展人民银行三地协调机制》，致力于金融监管协作、建设金融统计信息共享平台、推动同城支付结算平台以及共同建设社会信用体系。

目前，三地已实现对主要经济金融数据的监测共享和金融风险信息的共享。对在三地备案的企业征信机构监管信息实行联合通报，进一步强化了区域金融风险的联防联控。在各政策性银行和商业银行的具体实施中，国家开发银行、中国银行、中国建设银行、中国农业银行等纷纷建立了跨省市合作机制，全面规划京津冀服务策略，贯彻执行面向京津冀地区的各项支持重点和政策，促进三地业务的协同发展。北京银行、华夏银行、渤海银行、天津银行、天津农商银行等金融机构积极构建跨区域合作平台，签署金融服务一体化战略合作协议，建立互助合作机制，搭建覆盖三地的全面、多层次的金融服务网络。

综合来看，金融机构的积极参与不仅为京津冀科技金融协同发展提供了资金支持，更为创新企业和项目提供了多方面的服务和支持，促使科技金融协同发展迈出更加坚实的步伐。金融机构在协同发展中的角色不仅是资金的提供者，更是协同创新和风险管理的关键推动者。

（三）科技金融平台搭建协同

科技金融服务平台的构建是京津冀地区科技金融协同发展的关键支撑，旨在为企业提供科技信贷、上市辅导、股权投资、融资咨询等一揽子、专业化、定制化的科技金融服务，有助于有效解决科技型企业的融资难题。近年来，三地根据各自实际情况，分别在科技金融平台建设上形成了各具特色的举措。

北京充分发挥中关村科技创新的重要载体作用，深入推进高精尖产业链和行业领域的布局，通过运用人工智能、数据挖掘等技术手段，打造了一站式的线上科技金融服务平台，为科技创新企业提供全方位支持，形成了科技金融协同发展的有机价值链。天津科技金融中心坚持完全市场化运营，强调平台的灵活性，深度整合企业、投资机构、银行、证券交易所、股转系统、区域股权市场等金融资源。河北则通过与区外领先机构合作，相继设立省级和各地市级的科技金融平台。仅河北与招商局集团搭建的科技金融合作平台，资金规模就达到500亿元，旨在每年支持1 000家具有高成长潜力、市场前景广阔、技术含量高的中小企业。

二、京津冀科技金融协同发展的定位

京津冀科技金融协同发展的总体定位凸显以创新为引领、以区域协同为基础、以金融服务实体经济为导向的原则，全面促进科技与金融的有机结合。依据中共中央政治局审议通过的《京津冀协同发展规划纲要》，京津冀三地在科技金融领域的战略定位及主要任务划分明确：北京定位为科技创新中心，天津被赋予全国先进制造研发基地和金融创新运营示范区的角色，而河北则承担产业转型升级试验区的任务。此外，根据三地人民银行制定的《京津冀协同发展人民银行三地协调机制》，在科技金融领域，三地的具体功能角色也得到了明确划分：北京主要负责金融管理，天津专注于金融创新运营，而河北则被赋予金融后台的职能。这一整体框架为京津冀地区实现科技金融的协同发展提供了明确的方向和任务分工。

（一）创新驱动的发展模式

京津冀科技金融协同发展的核心定位是推动创新驱动的发展模式。通过科技金融的支持，促进科技创新、技术研发和成果转化，推动经济结构不断升级。

首先，科技创新引领发展。京津冀地区将创新作为推动科技金融协同发展的主要引擎。这包括在科技领域加大研发投入、鼓励技术创新、推动产业升级,以确保科技的快速发展成为经济增长的主要动力。其次,金融支持科技产业。为了实现创新驱动,金融机构将提供更多的支持,包括对科技企业的融资支持、风险投资、科技创业园区建设等方面的金融服务。通过这些手段,科技企业能够更好地获取资金,推动技术创新和产品研发。另外,加快促进科技成果转化,为了充分发挥科技创新的效益,金融体系将加大对科技成果的转化力度,通过金融手段支持科技成果的商业化,使创新成果更好地服务实体经济和社会发展。最后,建设创新型平台。为了培育创新生态系统,京津冀将建设创新型平台,包括科技园区、孵化器等,提供创新企业发展所需的场地、资源和服务,助力创新型企业的蓬勃发展。在这个定位下,京津冀将充分利用科技金融工具,推动科技创新成为经济增长的主导力量,实现从传统经济向创新型经济的转型。

(二)区域协同发展

京津冀三地在科技金融领域合作,实现资源优势互补、协同发展,形成整体创新力量,推动区域经济一体化发展。区域协同的核心在于实现资源优势的互补。京津冀三地各自具备不同的产业基础、科技创新能力和人才资源,通过合作与协调,可以充分利用各自的优势,形成协同效应,推动整个区域的经济发展。

区域协同还需要在政策层面实现一体化,确保各级政府的政策协同配合。这包括在税收、产业引导、创新支持等方面的政策一致性,以形成良好的政策环境,推动企业更好地跨区域合作。同时,建立紧密的科技创新网络也是关键,促使科研机构、高校和企业之间深化合作,实现科技成果的共享和优势互补,从而推动整个区域科技水平的提升。为促进产业链的协同发展,不同城市需在产业分工上紧密配合,形成有机的产业链,提高整体产业链的附加值。在此过程中,基础设施建设也是至关重要的,包括交通、能源、通信等基础设施的互联互通,以降低跨区域合作的交易成本,促进资源的高效流动。通过以上方面的区域协同,京津冀地区能够实现经济合作的深度和广度,形成更具竞争力的区域整体,推动科技金融协同发展迈向更高水平。

（三）金融服务实体经济

建设创新型平台是京津冀科技金融协同发展战略中的关键举措。这一努力旨在促进科技创新生态系统的形成，通过将科研机构、高校和企业等主体纳入协同合作的网络中，实现创新要素的共享和交流。创新型平台的建设不仅提供丰富的资源支持，包括实验室设施、科研设备和创业孵化服务，也致力于支持初创企业和科技项目的孵化，为新兴科技产业提供良好的成长环境。此外，创新型平台有助于推动产学研的深度合作，将企业需求与高校研究力量相结合，提升科技创新的实效性。平台建设还有助于吸引和培育科技人才，为科技人才提供良好的研究和创新条件，打造高水平的创新团队。最终，通过构建国际化创新合作平台，有望引入国际先进科技资源，推动京津冀地区与国际科技前沿接轨，提高整体创新水平。这一系列努力将为京津冀地区打造更具竞争力的科技金融发展格局奠定坚实基础。

（四）人才培养

人才培养在京津冀科技金融协同发展中扮演着至关重要的角色。为此，需要构建科技金融专业人才培养体系，包括设立相关课程、建立科技金融实践基地，培养具备金融业务和科技背景的综合型和复合型人才。高等教育机构应加强科技金融专业设置，推动相关专业的发展，以培养更多具备专业素养的科技金融人才。人才培养还需要强调实践经验的积累，通过建立实践平台与企业合作，为学生提供丰富的实践机会。引进和培养高端科技金融人才也是关键，可通过政策支持和企业合作，吸引国内外专业人才来校授课、组建科研团队。另外，开展继续教育与培训，保持从业者的专业素养，以适应科技金融领域的创新和发展。这些综合措施将有助于京津冀地区建立一支既懂科技又懂金融的专业人才队伍，为科技金融协同发展提供强有力的人才支持，推动构建更具创新力和竞争力的科技金融体系。

（五）全面深化改革

全面深化改革在京津冀科技金融协同发展中扮演着关键角色。改革首先着眼于金融体制的创新，通过拓展金融业务范围、优化金融监管体制，提高金融机构服务实体经济的能力。市场化机制建设是全面深化改革的另一个关键方向，通过引入竞争机制，激发金融机构的创新活力，推动市场对科技创新项目的有效配置。同样，为确保金融协同发展的可持续性，法治环境建设至关重要。此举包括建立健全法律法规体系，为各类主体提供更稳定的法治环境。创新政策体系也是全面深化改革的目标，以更灵活和有针对性的政策激励科技创新和支持科技金融项目。推动非首都功能疏解，为非首都地区提供更加灵活的金融支持，也是全面深化改革的一项重要任务。人才政策的优化同样是关键，通过引入人才激励机制、打破人才流动壁垒，吸引更多高端科技金融人才加入，提供智力支持。通过这一系列综合措施，全面深化改革将为京津冀科技金融协同发展提供更良好的制度环境和政策支持，推动构建更具创新力和竞争力的科技金融体系。

三、京津冀科技金融协同发展的现状

（一）科技及金融资源流向北京形成"主峰"

打造良好科技金融发展环境离不开科技及金融资源的关键支撑。目前，京津冀区域总体上积累了丰富的科技及金融资源，但是三地经济基础不同导致区域内科技及金融资源分布不均衡，大量资源汇聚到北京地区，呈现一种"主峰"态势。从创新型企业来看，截至2022年底，京津冀地区全量企业中，A股上市企业584家，专精特新"小巨人"企业1 117家，省级及以上专精特新企业9 542家，国家高新技术企业48 547家（见图6-1）。北京市新设科技型企业首次突破10万家，"专精特新"企业达5 360家，其中国家级专精特新"小巨人"企业588家，均居全国各城市之首。天津国家高新技术企业和科技型中小企业均突破1万家。而河北新增国家高新技术企业1 300家，"专精特新"中小企业1 803家，国家级专精特新"小巨人"企业135家。可见，大量的高新技术企业集聚北京，为其科技创新发展提供了充足的支持，显著提高了北京科技产出水平。

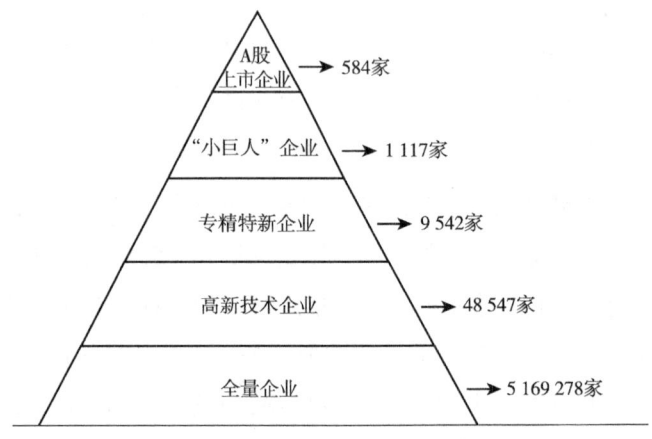

图6-1 京津冀地区龙头企业数量

从研究与实验发展（R&D）经费投入情况来看（见表6-1），北京作为科技创新中心，其R&D经费投入总量和投入强度在区域内都是"主峰"般的存在；经费投入总量远超天津、河北经费投入总量之和；河北虽然在R&D经费投入总量方面与天津没有较大的差距，但是在R&D经费投入强度方面远低于天津并处于全国平均水平之下。

表6-1 2022年京津冀地区研究与试验发展（R&D）经费情况

地区	R&D经费（亿元）	全国排名	R&D经费投入强度	全国排名
全国	30 782.9	—	2.54%	—
北京	2 843.3	3	6.83%	1
天津	568.7	17	3.49%	3
河北	848.9	13	2.00%	15

数据来源：《2022年全国科技经费投入统计公报》。

在专利授权量方面，截至2022年12月31日，京津冀地区共有授权专利2 730 806件。从专利类型来看，京津冀地区拥有授权实用新型专利1 652 231件，授权发明专利696 253件，授权外观设计专利382 322件。从区域分布来看，北京市拥有授权专利1 490 199件，天津拥有授权专利600 343件，河北拥有授权专利640 264件。

（二）共享信息不对称，金融配套不完善

京津冀协同发展的关键方向之一是承接北京非首都功能疏解。由于存在信息不对称、金融配套不足等问题，导致北京外迁企业向津冀承接地转移时面临一些挑战。在短期内，这些企业的盈利水平、偿债能力等主要指标难以满足金融机构评级和授信的要求，与津冀承接的金融机构也无法迅速建立融资关系，进而影响了企业融资的连续性，不利于推动产业疏解整体进程。另外，津冀地区，尤其是河北，对于承接北京外迁产业的能力相对不足；同时，作为竞争对手众多的地区，华东和中南地区也对北京外迁企业具有强大的吸引力，这一现状在一定程度上制约了产业疏解的顺畅进行。

具体而言，面对承接大量首都产业功能和京津科技成果转化项目，河北金融业资金供给不足，对经济的服务支撑作用亟待加强。在融资方面（见图6-2），2014—2022年京津冀地区共发生融资事件29 511笔，融资总额高达61 824.46亿元。其中北京共发生融资事件26 674笔，融资总额为55 691.41亿元；天津发生融资事件1 597笔，融资总额为4 223.47亿元；河北发生融资事件1 240笔，融资总额为1 909.58亿元。

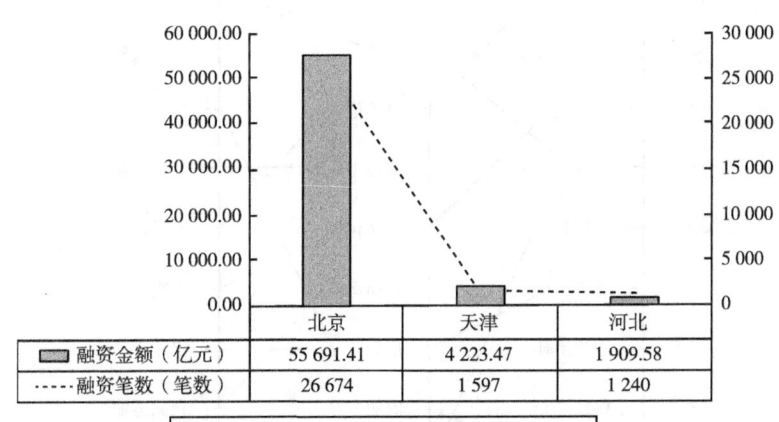

图6-2　2014—2022年京津冀区域融资金额及事件变化

(三) 产业转型协调发展不足

京津冀三地在产业发展定位上存在显著的差异。京津两地在将优势产业进行转移和辐射方面缺乏足够的动力，而河北在产业承接方面存在着环保和资源等方面的顾虑，导致三地之间的协调步伐不一致。特别是在产业转型与转移载体的开发区或产业园区建设方面，三地缺乏充分的协作与配套，各个园区在行政效率、法制环境、融资机制、适应国际规则等方面都存在一定的差距，尚未形成良性的产业协调发展模式。这种差异加大了产业协同发展的难度，并阻碍了整个京津冀地区产业的良性互动。

从产业分布来看（见图6-3），京津冀地区企业主要分布在零售与批发、商业服务和建筑行业。其中北京企业涉及最多的三个行业为商业服务、电子信息和零售与批发行业，天津为零售与批发、商业服务和建筑行业，河北为零售与批发、建筑和商业服务行业。从产业转移来看（见图6-4），2014—2022年，京津冀地区互相投资11 196次，互设分支机构30 257家。其中北京在天津和河北共设立分支机构23 198家，对外投资企业6 664次；天津在北京和河北共设

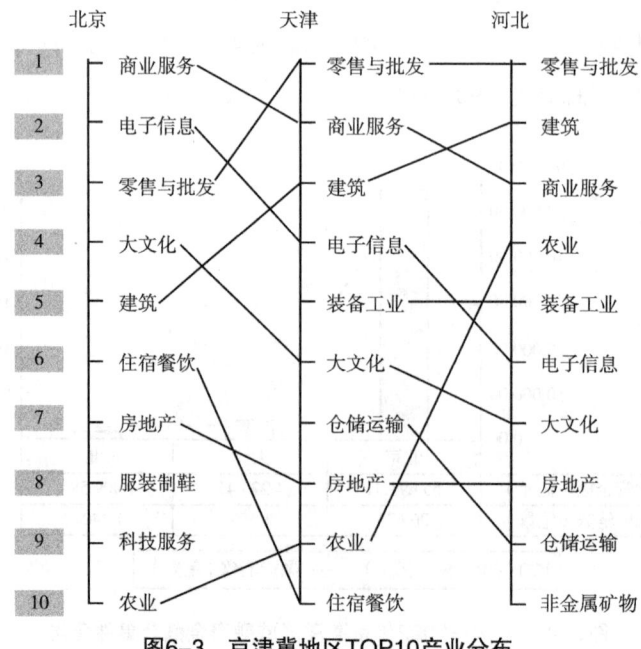

图6-3 京津冀地区TOP10产业分布

立分支机构4 813家，对外投资企业3 273次；河北在北京和天津设立分支机构2 246家，对外投资企业1 259次。

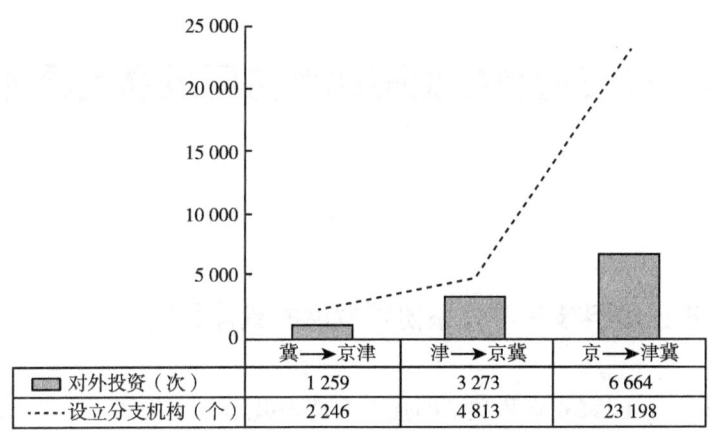

图6-4　2014—2022年京津冀地区产业转移情况

（四）京津冀缺乏统一的金融综合服务体系和风险担保机制

目前，京津冀地区尚未建立起统一的科技金融服务平台和评价体系，导致信息不对称问题依然困扰着金融机构和科技型企业。在这种情况下，金融机构难以迅速、合理、有效地评估科技型企业的信用状况，尤其是创新项目的收益性和风险性。这一问题在一定程度上导致了金融机构发放贷款的积极性不高，从而妨碍了科技型企业融资计划的顺利实施。同时，目前京津冀科技金融的发展仍主要依赖政府财政资金，相关金融主体的参与热情并不高。

截至目前，京津冀地区尚未制定出一套行之有效的风险担保机制，如科技保险产品、灵活的创投退出机制以及多方共担风险的安排等，为科技金融的发展提供有力支持。在这种背景下，科技型企业的融资需求未能得到有效满足，进一步制约了企业科技创新项目的发展。因此，建立更为完善和统一的科技金融服务平台、评价体系以及推动创新风险担保机制的建立，将有助于促进京津冀地区科技金融的健康发展，为科技型企业提供更多融资支持，推动创新项目的成功实施。

第2节
长三角、珠三角科技金融体系协同发展的具体路径

一、长三角科技金融体系协同发展的具体路径

近年来,在国家战略和政策的强力支持与鼓励下,长江三角洲区域内的三省一市在科技金融领域协同成效显著,形成了以上海为龙头,浙江、江苏、安徽三方联动发力的一体化协同发展的方阵布局。

(一)科技金融政策机制协同

早在2003年,由苏、沪、浙三地共同发起签署的《关于沪苏浙共同推进长三角创新体系建设协议书》标志着长三角地区协同创新体系正式启动。多年来,长三角地区的上海、江苏、浙江两省一市在加强顶层设计和系统谋划方面取得显著进展。它们联合编制了一系列重要规划,共同实施推进创新体系建设,并制定了《长三角科技创新共同体建设发展规划》等重要文件。

在金融支持方面,上海发挥科技金融龙头引领作用,通过政策文件如《关于进一步加快上海国际金融中心建设和金融支持长三角一体化发展的意见》,加速推动上海国际金融中心建设,为长三角一体化发展提供了政策支持。此外,还制定了《金融支持长三角G60科创走廊先进制造业高质量发展综合服务方案》等举措,旨在推动长三角科技金融要素的高效流动。长三角地区还汇聚了大量的科技创新资源,包括高校、科研机构和高科技企业。通过建立共享机制,促使这些资源更好地为金融行业服务,推动金融科技的创新和应用。

在政策协同机制方面,三地深化合作,探索构建一体化科技成果转移转化

体系，共建长三角创业融资服务平台。各省市在科技金融领域的政策实现了一体化和协同，建立了更为统一和协调的政策框架。这包括税收政策、财政支持政策、金融监管政策等方面的协同，以促使长三角地区形成相互补充、协同发展的政策环境。这一举措为科技金融要素的流动提供了政策保障。同时，长三角地区积极推进金融资源与周边城市及其他地区的交流，通过产权交易的盘活为科创企业创造了证券融资以外的新融资渠道。这一系列政策和协同机制的推动为长三角区域的科技创新和金融发展搭建了坚实的桥梁。

（二）科技金融平台搭建协同

长三角地区的上海、江苏、浙江两省一市积极整合聚集区域金融机构及其相关产品服务信息，着力推动科技金融平台的建设。通过中央引导地方科技发展专项资金的支持，他们致力于打造长三角科技金融平台，旨在建设共享数据库，促进金融和科技领域的数据资源整合，为风险评估、市场分析、产品创新等提供支持。这一平台广泛涉及知识产权质押、供应链金融、产业基金、投贷联动、双创债、融资租赁等多种产品的交易合作。实现长三角地区金融机构和科技企业的数据互通共享。

截至目前，该平台已引导基金102个，债权产品104个，涵盖了143家股权机构，覆盖了长三角区域27个城市。例如，南京的"鑫云+"互金开放平台和阿里云数据市场等产品不断提升了长三角地区金融综合服务水平。通过科技资源的融合进程，推动了该地区原始创新动力源和融合创新示范区的形成。这一系列举措有助于促进科技金融的发展，提升长三角地区金融服务的水平，同时推动了创新力量的融合与协同。

（三）科技金融要素市场协同

长三角地区的上海、江苏、浙江两省一市充分发挥多要素联动的优势，积极推动科技金融要素市场协同发展。在科技信贷市场方面，三地金融机构齐心协力，在上海设立了长三角投资基金，主动与高新企业共同创办长三角联合信用担保公司，并签署了"长三角融资租赁行业协会合作机制"。通过投贷联动的方式，提升科技信贷产品和供应链金融产品的效能，加大对区域内科创企业的信贷资金支持。最近，G60科创走廊与江苏银行携手推出了"G60科创贷"，专门服务于具有自主知识产权、具备"新技术、新模式、新业态、新产业"四新特征的科技企业。该贷款产品具有广泛的支持范围、活跃的增信方式、大额度的信用额度和快速的审批速度等优势。

在多层次资本市场的建设方面，上海证券交易所科创板自设立以来，通过全新的制度设计在上市企业选择、发行制度、定价方法和估值模式等方面进行了改革，这为区域内优质科创企业提供了更多融资渠道。除此之外，在上海的领导作用下，其他两省内的城市也在加速产权交易中心的建设。目前，正在形成以上海产权交易所为中心、以浙江产权交易市场和江苏产权交易市场为依托的一体化产权交易市场，覆盖地（市）级城市。这一系列举措有助于深化长三角地区金融协同发展，为科技企业提供更广泛的金融支持，促进创新和产业升级。

二、珠三角科技金融体系协同发展的具体路径

珠三角地区是中国经济最为发达和创新活力最强的地区之一，包括广东省的广州、深圳、珠海等城市，形成了一个强大的城市群。珠三角地区的科技金融发展得益于其创新活力、高科技产业集聚和政府支持，为中国的金融体系注入了活力，推动了数字经济的崛起。

（一）政策协同与法规一体化

珠三角科技金融体系协同发展的成功路径之一是通过政策协同与法规一体化实现区域内金融活动的协调和统一。珠三角各地政府可以通过对接、协商，制定一体化的科技金融政策和法规框架，以促使不同城市在法律法规层面的一致性。这包括金融监管政策、税收政策、创新创业政策等方面的协同。

政策协同有助于消除各地区之间的不同法规带来的行业壁垒，为科技金融企业提供更为统一和稳定的经营环境。例如，可以通过统一的准入标准、监管

要求，降低科技金融企业在不同城市运营时的遵循成本，推动行业更为有序的发展。

法规一体化则有助于提高金融机构的跨区域运营效率，降低其在不同城市遵循不同法规的复杂性。这可以通过建立联合的金融监管机构、共享监管数据等方式来实现，从而确保金融机构在协同发展中能够更加顺畅地跨足不同城市。

在推动政策协同与法规一体化的过程中，各地政府可以设立联合工作组，建立定期协商机制，形成可持续的沟通平台。这有助于共同应对科技金融领域的新挑战，加强政策的协同性和灵活性，从而更好地推动珠三角科技金融体系的协同发展。

（二）建设科技金融平台

建设科技金融平台是珠三角协同发展的关键措施之一，旨在促进不同城市间科技金融资源的整合与共享。该平台可以提供一个开放、便捷的环境，使各地的金融机构、科技企业能够更有效地互通有无，从而推动整个区域科技金融体系的发展。首先，科技金融平台整合各城市的金融数据和资源，提供标准化的接口和数据格式，使金融机构能够更方便地共享信息，实现跨城市的金融资源整合，这有助于降低信息不对称，提高金融服务的精准度和效率。其次，平台设立联合研究与创新项目，鼓励不同城市的科技金融机构共同投入资源，推动前沿科技在金融领域的创新与应用。通过共同研发新产品、新服务，可以提高整个区域的科技金融水平，增强竞争力。再次，科技金融平台还可以促进金融机构之间的合作。通过提供联合风控、联合融资等机制，降低金融机构在跨城市开展业务时的风险，鼓励更多金融机构参与珠三角的科技金融合作。最后，科技金融平台还支持创新型科技企业的展示与合作，提供一个交流的舞台，推动整个区域创新创业生态圈的形成。通过建设这样的科技金融平台，珠三角地区将能够更好地整合各城市的科技金融资源，推动协同发展，提高整个区域的金融科技水平。

（三）推动金融生态圈协同发展

推动金融生态圈协同发展是珠三角科技金融体系整合的关键策略。通过建设协同发展的金融生态圈，不同城市的金融机构、科技企业和创新型企业能够更紧密地合作，促进资源共享和创新协同。

首先，金融生态圈设立联合创新项目和孵化平台，为科技创新企业提供更便捷的融资渠道和业务孵化服务。这有助于推动创新企业的成长，形成更加完整的金融服务链条。

其次，金融生态圈激励金融机构与科技企业形成紧密的合作关系。通过联合推出金融科技产品、共同开展科技创新研究等方式，可以更好地整合金融和科技资源，提高服务水平和创新能力。

再次，金融生态圈还设立联合风险管理和合规体系，降低金融机构在合作中的风险，为科技企业提供更为稳定的金融支持，推动更多创新成果在金融领域得以落地。

最后，通过推动金融生态圈的协同发展，珠三角地区将构建一个互联互通、协同共赢的金融生态系统，促使金融和科技资源更有效地整合，助力整个区域科技金融的协同发展。

第3节
京津冀科技金融体系协同发展的具体路径

一、身份认同

(一) 身份认同的必要性

在京津冀科技金融体系协同发展中,身份认同对于协调科技型企业、金融机构以及政府专门机构的关系至关重要。首先,科技型企业在推动金融科技创新方面起到了关键作用。通过明确的身份认证,有助于建立信任机制,确保其提供的科技解决方案和金融服务得到合法认可,从而增强金融体系的创新力和可持续性。其次,金融机构需要在协同发展中发挥核心作用。通过身份认证,金融机构可以有效管理客户的身份风险,降低欺诈和非法交易的风险。再次,清晰的身份认证也有助于金融机构更好地理解客户需求,提供个性化的金融产品和服务。最后,政府专门机构在协同发展中担负监管和协调的角色。身份认同的明确可以帮助政府监管机构更好地追踪和监控金融市场的运行情况,确保合规性,并在需要时采取及时的干预措施。

在这个三方互动的过程中,协调各方的身份认同不仅有助于建立信任,还能够降低交易风险,促进信息共享,推动科技金融体系的创新发展。要实现有效的身份认同,需要建立统一、标准的身份验证体系,涵盖科技型企业、金融机构和政府专门机构,以确保信息的一致性、安全性和可靠性。这将为京津冀科技金融体系的协同发展提供有力的基础支持。

（二）身份认同的难点与重点

1.技术标准不一致

科技型企业和金融机构往往使用不同的身份认证技术和标准，这导致了在协同合作中，各方之间难以实现无缝的技术对接。不同的技术标准可能包括身份验证的流程、加密算法、认证手段等方面的差异，给信息共享和协同创新带来了一定的复杂性。为解决这一问题，需要通过协商和合作，建立一套共同的身份认证技术标准和框架，以促进各方系统的互联互通，实现科技金融信息协同的顺畅推进。这不仅需要技术专业人员的深入讨论，还需要政府、标准化组织等各方的共同努力，以确保协同发展中的技术标准一致性，推动整个区域金融体系更好地适应科技创新和协同发展的要求。

2.数据隐私和安全

在京津冀科技金融协同发展中，数据隐私和安全问题显著，尤其涉及科技型企业、金融机构和政府专门机构之间的身份认同。在金融协同过程中，这些机构需要共享敏感信息，包括客户身份、交易数据等，这就使确保数据隐私和安全性成为一个突出的难点。一方面，需要建立严格的数据加密和存储控制机制，以防止未经授权的数据访问和泄露。另一方面，要确保数据传输过程中的安全性，采用先进的加密技术和安全协议。此外，制定明确的数据共享协议和隐私政策，明确个人信息的使用范围和目的，以提高用户对于数据隐私的信任感。在金融协同中，数据隐私和安全问题的解决不仅涉及技术层面的防护，还需要法规和政策层面的支持，以建立一个综合性、健全的数据隐私保护体系，为金融信息协同提供安全可靠的基础。

（三）身份认同的措施与方法

1.建立身份认证平台

创建一个统一的身份认证平台，由相关政府机构或合作机构负责管理。该平台旨在提供一个统一的身份验证接口，跨越不同区域的科技型企业、金融机构和政府专门机构，以确保他们的身份信息在协同合作中得到准确验证。首先，各方可通过协商达成一致的身份验证标准，确保在整个平台上的身份信息一致性。其次，由相关政府机构或合作机构负责管理这一平台，以确保其运行的公正性、透明性和安全性。平台可以采用先进的加密技术，如区块链等，确保身份信息的真实性，并通过先进的身份验证手段，如生物识别等，保障身份信息的安全性。这一平台的建立不仅有助于简化跨区域合作中的身份验证流程，提高效率，也为各方提供了一个安全可靠的合作基础，推动科技金融法协同发展的顺利进行。通过共同建立身份认证平台，京津冀三地的科技金融实体能够更加便捷地进行跨区域的协同合作，实现资源共享与互通。

2.共建身份验证体系

建立跨区域的身份验证体系，通过采用先进的身份验证技术，如生物识别技术、区块链身份验证等，确保科技型企业、金融机构和政府专门机构的身份信息可靠、安全，这有助于防范身份冒用和信息泄露风险。首先，各方可以协商制定一致的身份认证标准，确保身份信息的一致性和准确性。其次，建立统一的身份认证平台，作为信息交互的桥梁，为各方提供跨区域的身份验证服务，同时由相关政府机构或合作机构负责管理，以确保信息安全。这一体系的建立有助于简化身份认证流程，提高效率，同时通过先进的身份验证技术，如生物识别和区块链，确保身份信息的真实性和安全性，为科技金融法协同发展提供可靠的身份认证基础。通过共建身份验证体系，京津冀三地的科技金融实体可以在保障信息安全的前提下更加顺畅地开展协同合作。

3.搭建共享平台

金融机构与科技型企业两者之间普遍存在信息不对称的问题，这主要是因为不同金融机构的贷款机制存在差异，对放款目标的定位也有一定差别。例如，商业银行以贷款利息获得盈利，更倾向于选择风险小的企业开展投资活动，而股权投资结构会结合创业企业的股市情况开展投资活动，这间接导致企业难以在短时间之内找到合适的合作对象，即便千辛万苦找到可合作的金融机构，也可能会因为身份认证而导致最终合作失败，增加交易成本。对此，国家行政机关可以在其中发挥引导作用。国家行政机关在信息方面拥有天然的优势，掌握着所有企业的基本资料，可以由国家行政机关主导开展合作活动，携手金融机构搭建信息共享平台,为科技企业提供资金支持服务。在该平台上,金融机构能了解科技企业的信息,结合相关信息对科技企业进行评估,包括贷款能力和贷款风险等。待评估合格之后,在线上信息共享平台上,向企业发布通知,让其准备所需资料,走完后续贷款流程,发放贷款。该平台可以有效解决金融机构与科技企业之间信息不对称的问题,省去双方信息收集与整理的麻烦。金融机构不必在复杂的市场中找寻合适的合作企业,企业也不必多次反复递交贷款申请,该平台为两者带来的便利极为明显。

(四)身份认同的预期成效

一是提高合作效率。通过建立统一的身份认证标准和平台,科技型企业、金融机构和政府专门机构能够更高效地进行身份验证,降低合作中的信息摩擦,推动协同合作的迅速进行。

二是降低身份冒用风险。建立健全的身份认证体系有助于降低身份冒用的风险,保护科技型企业和金融机构的合法权益,增强金融系统整体的安全性和稳定性。

三是促进跨区域合作。身份认同的一致性将有助于推动京津冀三地科技金融实体更加顺畅地进行跨区域的合作。科技型企业和金融机构能够更自信地拓展业务,推动区域内金融创新的全面发展。

四是强化机制建设。共建身份验证体系有助于建立各方之间的信任。科技型企业、金融机构和政府专门机构之间能够更加信任对方的身份信息,从而更好地进行合作与信息共享。

五是促使法规规范。身份认同的有效实施有望促使相关法规的规范化发展。各地政府在身份认证方面的协同努力将为金融科技行业提供更为明确和稳定的法规环境,促使金融创新的可持续发展。

综合而言,有效的身份认同在京津冀科技金融法协同发展中将产生积极的预期成效,为区域内的金融合作与创新提供有力支持。

二、京津冀科技金融的政策协同

（一）科技金融政策协同的必要性

科技金融政策的协同对于京津冀地区的金融创新和科技发展具有重要推动作用。首先，政策协同可以创造一致的政策环境，为金融机构和科技企业提供稳定和明确的发展方向。这将激发创新活力，推动金融与科技的深度融合。统一的政策框架将减少不确定性，鼓励金融机构和科技企业更加积极地投入新技术和新业务模式的研发和实践中。其次，政策协同有助于消除跨区域金融创新的政策壁垒。不同地区的金融监管政策存在差异，政策协同可以降低这些差异，促使金融机构更加便利地在不同地区开展创新业务。这种一体化的政策支持将为科技金融产品提供更广阔的市场空间，加速新技术在金融领域的应用和推广。另外，政策协同还能够在技术创新方面提供更有力的支持。统一的政策导向将鼓励金融机构投资于前沿技术研究，推动人工智能、区块链等科技在金融服务中的深度应用。这有助于形成京津冀地区的金融科技创新生态系统，推动数字化金融的快速发展。因此，科技金融政策的协同将为京津冀地区金融创新和科技发展创造有利条件，促进金融与科技的双向互动，加速推动整个地区科技金融领域的发展。

与此同时，科技金融政策的协同在降低监管不确定性方面也具有重要作用。通过政策的一致性和协同性，可以减少不同地区金融监管规则的差异，为金融机构提供更为明确和稳定的监管环境。这种一致性的政策框架将使金融机构能够更准确地预测监管要求，降低了因不同地区监管政策的不一致而引起的不确定性。最后，政策的协同还能够为监管机构提供更为高效和一致的监管工具和手段，加强对科技金融行业的监督与管理。这将有助于维护金融市场的稳定性，促使金融机构更加规范和透明地运营，降低监管的执行难度。一致的监管政策还能够加强金融机构的合规意识，使其更容易适应和遵守跨区域的监管规定。这有助于降低金融机构在不同地区运营时可能面临的法规风险，减轻其在合规方面的压力，进而提高其在科技金融产品协同发展中的投入和积极性。因此，科技金融政策的协同不仅有助于降低监管不确定性，使金融机构更为安心和有序地跨区域运营，也有助于监管机构更为有效地履行其监管职责，共同推动京津冀科技金融的稳健发展。

（二）科技金融政策协同的难点与重点

1.科技金融政策协同与科技创新速度不同步

科技金融政策协同面临的一项关键挑战是科技创新速度的不同步。在京津冀协同发展中，不同地区可能在科技创新方面存在不同的速度和优势领域。这种差异可能导致科技金融政策在制定和执行过程中面临挑战。快速演进的科技领域可能使政策制定者在跟随创新步伐上面临压力，可能导致政策的滞后性。因此，协同科技金融政策需要建立灵活的政策机制，能够快速适应科技创新的变化，保持与时俱进的监管框架，以确保政策与科技创新的速度保持一致，推动科技金融产品的发展与应用。重点应放在建立快速响应机制上，通过与科技企业、金融机构的深度合作，更好地理解和应对科技创新的动态变化，以实现协同政策与科技创新速度的协调发展。

2.各地区政策差异

京津冀三地在行政、经济结构、产业发展等方面存在差异，各地政府因地制宜地制定金融政策以适应本地实际情况。这种政策差异可能涉及金融监管、税收激励、创新支持等多个方面，导致不同地区金融业的政策环境存在较大差异。

政策差异可能使科技金融企业在不同地区面临不同的政策限制和激励，使协同发展受到制约。因此，协同科技金融政策需要克服各地政策的差异，寻求一种既能照顾地方特色又能保持协同一致性的政策框架。这可能需要各级政府通过协商一致的方式，制定共同的科技金融政策目标，并在具体政策措施上保持一致性，以建立统一的金融市场规则和标准，降低企业跨区域运营时的政策风险。此外，政策差异也需要在监管层面进行协同。加强监管机构间的沟通和协调，建立跨区域的监管合作机制，以减少政策执行上的摩擦，确保监管的一致性。通过加强政策协调与整合，可以更好地应对不同地区金融环境的差异，促使协同发展中科技金融政策更具针对性和适应性。

(三)科技金融政策协同的措施与方法

1.制定共同政策框架

制定共同政策框架是实现京津冀协同发展中科技金融政策协同的基础性举措。首先,各级政府需要通过高级别的协商和对话,明确共同的科技金融发展目标和原则。这可能涉及对数字经济、科技创新、金融服务的战略规划,确保各方对科技金融的发展方向有一致的认识。其次,建立一个跨地区的政策制定机制,以确保政策的协同和一致性。这个机制可以包括设立联合政策研究团队,由各地政府和专业机构共同参与,负责研究和提出协同政策的建议。这样的机制能够及时响应科技金融发展的新趋势,确保政策的灵活性和前瞻性。此外,共同政策框架需要明确的科技金融政策指导原则,以促进金融机构、科技企业和政府协同合作。这可能包括对金融创新的激励政策、跨区域金融合作的奖励机制等,以推动整个地区科技金融行业的协同发展。最后,共同政策框架的制定需要通过政策对话、协商和逐步达成共识的方式进行。各方需要充分考虑各自地区的特点和需求,寻求共同利益点,形成能够在不同地区推行的具体政策措施。这一过程是一个动态的、长期的合作过程,需要不断调整和优化,以适应科技金融领域的不断变化。通过制定共同政策框架,可以为京津冀地区科技金融的协同发展奠定坚实的基础。

2.设立科技金融政策研究机构

这一机构的设立有助于深入研究和分析科技金融领域的新趋势和政策需求,以促使各地政府在协同发展中做出明智的决策。首先,科技金融政策研究机构应该由各地政府联合设立,充分整合京津冀地区的资源和智力。该机构应包含金融专业人才、科技创新领域专家和政策制定者,以形成一个多学科、跨领域的研究团队。其次,该机构的任务应侧重于对科技金融领域的前沿技术、行业趋势、政策变化等进行深入研究。通过定期发布研究报告,为各级政府提供关于科技金融政策的科学建议,促进各地政策的协同和一致性。另外,科技金融政策研究机构应该设有沟通协调的渠道,以保持与各地政府、金融机构和科技企业的紧密联系。这有助于及时获取实地反馈,了解不同地区的政策实施情况，以更好地指导协同发展的方向。最后，为确保科技金融政策研究机构的独立性和专业性，其研究成果应当公开透明，接受社会监督。机构还可以定期举办学术研讨会、座谈会等，邀请各方专业人士参与，促成更广泛的意见交流。通过建立科技金融政策研究机构，可以有效整合京津冀地区的专业力量，推动科技金融政策的深入研究与协同制定，为协同发展提供科学依据和政策支持。

3.建立政策沟通平台

建立政策沟通平台是促进京津冀协同发展中科技金融政策协同的关键措施。这一平台有助于不同地区政府、金融机构、科技企业之间的信息共享和政策协调，以推动整个地区科技金融领域的一致发展。首先，政策沟通平台应该是一个开放、透明、高效的在线平台，为各方提供及时、直观、全面的政策信息，可以通过建立专门的网站、移动应用程序或在线论坛等方式实现，方便各方随时随地获取最新的政策动态。其次，平台需要设立专门的政策交流和沟通板块，以促使各地政府、金融机构和科技企业之间进行及时的沟通，可以包括在线研讨会、政策解读、专题讨论等形式，为各方提供交流意见和共商科技金融政策的机会。与此同时，政策沟通平台应设有实时互动功能，以便各方能够迅速回应政策变化、提出建议或疑虑，可以通过在线问答、留言板、专家答疑等方式实现，建立双向沟通的机制，促使政策的制定更加贴近实际需求。最后，政策沟通平台还可以定期发布关于科技金融政策的解读、评估和展望的报告，以提供更深入的政策理解和指导。这有助于各方更好地了解政策的方向和影响，为科技金融的协同发展提供更为清晰的方向。通过建立政策沟通平台，不仅可以促使各方更加主动地参与科技金融政策的制定和执行，也有助于形成一个信息共享、合作共赢的良好合作机制，推动京津冀地区科技金融政策的共同发展。

（四）科技金融政策协同的预期成效

科技金融政策协同的预期成效将在促进创新、提高效率、优化资源配置、降低风险等多个方面为京津冀地区的科技金融生态带来积极影响，推动数字经济在该区域的可持续发展。

一是科技金融创新加速。通过协同政策,将促使科技金融创新更加迅速地获得政策支持。政策的一致性将为金融机构和科技企业提供更明确的指导,鼓励他们在数字技术、区块链、人工智能等领域进行更大胆的尝试,推动金融服务的创新。

二是金融资源优化配置。协同政策将有助于金融资源在京津冀地区更加高效地进行配置。科技金融政策的一致性将减少跨区域经营的金融机构面临的壁垒,促使资金、技术、人才等资源更加便捷地流动,进而提高整个地区的金融服务水平。

三是行业合作加深。一致的政策框架将为金融机构和科技企业提供更多合作的机会。金融科技公司、传统金融机构和科技企业之间的合作将更加紧密,促成更多共同创新项目,推动行业发展。

四是降低金融风险。一致的监管政策将有助于规范金融市场,降低金融机构的经营风险。科技金融领域的协同监管将更加严密,保障金融系统的安全稳定运行,降低金融风险,维护金融市场的信誉。

五是吸引人才和投资。一致的政策将为京津冀地区创造更加稳定和友好的投资环境。科技金融协同发展将成为一个吸引科技人才和投资的重要因素,推动区域内数字经济产业链的完善和发展。

六是数字经济整体提升。科技金融政策的协同将推动数字经济的整体提升。通过金融支持数字化转型,整个京津冀地区的产业结构将更加智能化,提高整体经济效益。

三、科技金融的机制协同

(一)科技金融机制协同的必要性

科技金融机制协同有助于推动京津冀地区科技金融的协同发展,促进数字经济的健康成长,为整个区域的可持续发展奠定坚实基础。

一是促进科技创新。科技金融机制协同有助于为科技创新提供更多的金融支持和激励。协同的金融机制可以推动科技企业更好地融入金融体系，获得更为灵活的融资渠道，从而加速科技创新的步伐，推动技术成果的转化和产业升级。

二是优化金融资源配置。协同的科技金融机制将有助于优化整个区域内的金融资源配置。通过共享信息、整合资源，可以更精准地满足科技企业的融资需求，避免资源过度集中或浪费，提高金融资源的利用效率。

三是降低金融壁垒。金融机制协同有助于降低跨区域经营企业面临的金融壁垒。统一的金融政策和机制将减少不同地区之间的金融障碍，为企业在京津冀地区内的融资、投资和业务拓展提供更为顺畅的通道。

四是推动数字经济发展。科技金融机制协同对数字经济的发展至关重要。通过构建适应数字经济发展需求的金融机制，可以更好地支持数字化产业的发展，推动区域内数字经济的蓬勃增长。

五是加强监管协同。金融机制协同有助于强化监管的协同。科技金融的快速发展需要相应的监管体系，通过协同的机制可以实现更高效的监管，保障金融市场的稳健运行，降低金融风险。

六是提高金融服务水平。金融机制协同将促使区域内的金融机构提高服务水平，推动金融科技的应用，提供更智能化、个性化的金融服务，更好地满足科技企业和数字产业的需求。

（二）科技金融机制协同的难点与重点

1. 科技金融领域中资源共享机制不健全

京津冀三地在推进科技金融资源共享方面虽然步伐加快，但仍然存在协作不足的问题。尽管努力实现资源共享，但由于共享对象受到限制，导致某些同质的科技金融资源反复建设、引进重复，使用效率不高，浪费资源的问题时有发生。具体而言，河北金融业在面对承接大量首都产业功能和京津科技成果转化项目时，资金供给不足，对经济的服务支撑作用需要加强。截至2019年，北京法人单位在津冀地区的产业活动单位为1.2万家，天津法人单位在京冀地区的产业活动单位为0.3万家，河北法人单位在京津地区的产业活动单位为0.1

万家，分别占京津冀法人单位区域内跨省（市）产业活动单位总量的76.5%、15.9%和7.6%。这反映了科技金融资源分配不合理的典型结果。

科技金融资源共享的效率低下主要原因在于三地未能树立正确的科技资源共享理念和共享精神，未真正理解科技资源共享的社会价值，也未制定关于各类科技资源共享机制的合理规划。尽管近年来京津冀经济发展，相关部门加大了对科技金融资源建设的投资，但科技金融资源共享是一项长期而艰巨的工程。如果不进行理性规划和协调，只是盲目投资，将不可避免地导致新的资源浪费和重复，对京津冀的协同创新发展造成一定程度的阻碍。因此，有必要建立起正确的共享理念，加强协同机制，以提高科技金融资源共享的效率，促进京津冀地区的协同发展。

2. "三地"科技金融领域中信息平台创新机制的缺乏

京津冀三地经济发展差距和科技金融数据资源难以共享的成因主要源于产业落差和缺乏相应的创新平台机制。河北对科技创新的需求相对不足，逐渐形成了一种封闭内循环的经济发展模式，导致与邻近高新技术成果丰富的北京相比，难以找到合适的应用场景。在京津冀地区，北京的科技成果在冀地的转化率仅为5%，而在江浙等地的转化率却高达75%。一个有效的促进三地科技金融资源共享的措施是加强科技成果的跨区域转移。然而，数据显示津冀两地的科技资源来自北京的比例并不高。尽管北京的首都科技条件服务平台、天津的大数据云平台以及河北的科技基础条件网络平台提供了大量科技数据信息，但创新平台数量相对较少，机制不健全，缺乏有效的管理。这阻碍了三地科技数据的高效流通，导致科技金融发展速度较慢。

3. "三地"科技金融领域中人才激励机制的不完善

专业化人才队伍的分布不均衡加大了京津冀三地的差距，尤其在技术人员队伍方面。技术人员是科技金融资源共享的重要支撑条件，也是提升三地科技金融发展速度的关键因素。然而，不完善的人才激励机制是导致这一现象的主要原因。尽管京津冀三地出台了一系列关于人才一体化的政策，但取得的效果相对有限。在执行过程中，北京凭借其强大的行政权力更倾向于推进对本地区有利的措施，而未着重加强人才激励制度的完善。

此外，作为京津两市的屏障，河北长期受到京津地区的虹吸效应影响。河北拥有13所重点骨干大学，但由于河北经济发展相对较慢，实力相对不足，难以支撑这些高校的高水平发展，缺乏政策和资金支持。在三地内部，缺乏完善的人才激励机制，导致三地未能实现人才的最大化共享。对人才缺乏有效的管理和激励机制，使因地区不同而在待遇、职称等方面遭受不公平对待，降低了人才队伍的工作热情，进而引起人才流失。因此，建立更为完善的人才激励机制是促进三地科技金融资源共享和人才流动的关键一步。

（三）科技金融机制协同的措施与方法

1. 不断突出科技金融主题，加强实施科技金融资源共享机制

京津冀三地应大力凸显科技金融的主题，发挥科技引领的影响，不局限于直接融资，还要不停地丰富与间接融资相关的活动，加快科技金融创新的发展，积极促进三地金融产业和科技产业的完美对接，达到互惠互利的局面；在三地有计划地安排科技金融创新的成果展示，使三地对该方面进行需求与资源的交流和共享，并推广各地的金融和科技产品，加强京津冀科技金融资源共享机制的实施。同时，京津冀区域内还要大力宣传科技资源共享的社会价值，进一步解放思想，倡导共享精神，加强与他人共享科技资源的意识以及共享的文化环境。重要的是，各地政府应打破各自为政的局面，充分吸收并广泛传播资源共享的新观念，营造科技金融资源共享的有利氛围。三地也应逐步向国家提出的"京津冀协同发展"战略靠拢，举办科技与金融融合发展论坛等，为三地实现协同发展提供平台与机会，鞭策三地频繁互动合作，更好地将京津冀科技金融资源共享机制的作用发挥到最大。

2. 积极运用互联网+，建立健全科技金融中的信息创新平台机

如今，数字化时代正向我们悄然走来，运用大数据思维、科学技术和互联网+来突破曾经旧模式，构建统一的公共数据共享和开放平台体系、促进科技金融的发展已成为必然趋势。在京津冀三地中，不难发现，具有卓越科技资源优势的是北京，天津、河北虽不及北京拥有的雄厚资源，但也有其独特的长处。所以，提供必要的科技金融资源共享的平台就显得尤为重要。例如，规划建设科技创新平台、建立大型设备共享联盟等。启迪之星（天津）联合启迪金科建立的国内首个京津冀科技金融俱乐部,日前在天津滨海新区启迪之星海洋园基地正式揭牌成立。这些渠道不但可以合理利用本地闲置资源,提升科技资源使用率,大大减少重复建设,降低社会成本,还可以运用行业领先的科技手段,积极有效地整合各类金融资源,旨在为京津冀地区优秀企业传递最新的行业资讯,解读最新的热点金融问题,并为企业提供全方位的综合金融服务,推进整个京津冀地区科技金融的成长与发展。

3. 完善科技金融中的人才引进激励制度体系,强化人才资源共享机制

京津冀三地在进行人才资源共享的合作过程中,建立有效的人才引进激励制度,强化人才资源共享奖惩机制也是推进三地科技金融快速发展的重要手段。坚持人才引进与培养的相互结合,以市场需求为导向,优化与拓宽教育资源的布局,努力营造科技至上、人才优先的氛围,凸显出三地对科技金融领域中人才资源的高度重视。加强实施经济激励进行调节,给高端科技人才提供多条有利的发展道路,以促进人才队伍的日益壮大,通过打破传统的利益分配制度、实现区域内整体利益的共享,从而开创三省市互惠互利的共赢创新、合作创新的新局面,区域间政府可建立适当的惩罚机制来促进地方政府间的合作,加大合作创新的机会。在京津冀未来的协同发展中,应大力发展三地人才一体化,调整各地人才结构和培养模式,完善引进和保留有关科技金融领域的人才机制,形成三地科技人才的充分培养与对接,加快各种层次科技成果的相互转化,从而促进京津冀三地科技金融的迅猛发展。

(四)科技金融机制协同的预期成效

一是推动金融创新。通过科技金融机制协同,不同区域内的金融创新能够得到推动,促进科技与金融的深度融合,推动金融服务的数字化、智能化升级。

二是降低金融风险。科技金融机制的协同有助于形成更全面的风险防控体系,通过共享信息、数据和技术手段,提高对风险的感知和防范能力,降低金融体系整体的风险水平。

三是促进跨区域业务协同。不同区域的科技金融机制协同可以促进跨区域业务的协同发展。金融机构和科技企业能够更加顺畅地在不同城市之间开展业务，促进资源的共享和合作。

四是提高金融服务效率。科技金融机制的协同有助于建立统一的金融服务平台，通过共享资源和数据，提高金融服务的效率，减少信息孤岛，优化用户体验。

五是加强监管合作。科技金融机制协同有助于建立跨区域的监管合作机制，共同应对跨区域金融业务中可能涉及的监管难题，提高金融市场的规范化和透明度。

六是促进人才流动。科技金融机制的协同可以为人才流动提供更为便利的环境，吸引更多高层次的科技金融人才在京津冀三地之间流动，促进区域内人才的共享与培养。

综合而言，科技金融机制的协同将在京津冀科技金融法协同发展中产生积极的预期成效，为金融体系的升级和区域经济的发展提供强有力的支持。

四、科技金融的平台协同

（一）科技金融平台协同的必要性

科技金融服务平台通常可以分为三类模式，分别是以政府主导的融资服务平台、金融机构自建的服务平台以及共享共建平台。

首先是政府主导型的科技金融服务平台。在这种模式下，政府发挥主导作用，通过优化资源配置、引导沟通合作、资源综合集成等方式，快速处理各项服务，实现对企业的完善增值。

其次是金融机构主导的科技金融服务平台。在这个模式下，金融机构自行搭建并主导运作专业化平台，通过商业化运作，分阶段对企业提供帮助并获取利润，形成可持续发展流程。典型的例子是由银行和创业投资机构搭建的科技金融服务平台。

最后是共享共建平台模式。这种模式为供应及需求者提供，通过企业信用管理、产品服务和风险评估等方面的联合搭建，提供网络融资的综合服务平台。与前两者的区别在于，它不受到空间及时间的限制，不局限于政府、金融机构或其他代理、服务机构，可以为各地区的科技发展企业提供融资平台。

科技金融平台的服务宗旨是致力于促进科技创新，实现政府、企业和金融机构三者之间的有效对接，为企业更便利地获取科技与金融资源提供服务，促进科技创新成果的快速转化和金融服务水平与效率的提升。京津冀地区是中国的经济重要区域之一，汇聚了大量的科技创新资源和金融机构。通过协同发展科技与金融，可以推动技术创新在金融服务中的应用，提高金融业的智能化水平，从而更好地满足企业和个人的融资和投资需求。总体而言，科技金融平台的协同发展有助于提高金融服务效率，推动实体经济发展，优化资源配置，强化风险防控，推动区域一体化发展，是京津冀地区经济可持续发展的重要支撑。

（二）科技金融平台协同的难点与重点

1. 技术标准不一致

不同平台采用各自独特的技术标准和协议，导致了数据和服务的互操作性受到限制，成为协同的瓶颈。这种不一致性使平台之间难以顺畅共享信息和资源，阻碍了金融科技领域的协同发展。解决这一问题的关键在于建立跨平台的技术标准，通过行业协会、政府主导或行业合作组织等渠道，协商制定通用的技术规范和协议，以确保不同科技金融平台在技术层面具备一致性，促进互联互通，推动科技金融行业的协同发展。这不仅需要各方的共同努力，也需要建立开放、透明的标准制定机制，以确保技术标准的制定过程更具包容性，服务于整个科技金融生态的健康发展。

2. 地方保护主义

在京津冀协同发展中，科技金融平台协同所面临的另一个难点是地方保护主义。这体现在一些地区出于维护本地经济利益的考虑，可能对外来科技金融平台实施一定的限制和管控措施。这种保护主义可能包括设定本地金融服务企业的优惠政策、加大对外地平台的准入门槛，或限制外地平台在当地的经营范围。这种行为不仅对科技金融平台的跨区域拓展构成了制约，也影响了协同发展的顺利进行。因此，解决地方保护主义的关键在于通过跨地区政府间的协商和合作，建立开放的市场环境，制定一致的政策规范，以促进不同地区之间的公平竞争和资源共享。这需要政府、企业和相关利益方的共同努力，以确保科技金融行业能够在整个京津冀地区形成协同合作的有利格局。

3. 数据隐私和安全

科技金融平台在协同中涉及大量用户敏感信息和财务数据。因此，确保这些数据的隐私和安全性至关重要。协同发展过程中，需要建立健全的数据隐私和安全保护机制，采用先进的加密技术、严格的身份验证措施以及完善的权限管理系统，以确保用户的个人和财务信息得到充分保护，防范数据泄露和滥用的风险。

（三）科技金融平台协同的措施与方法

1. 创建京津冀科技金融平台的运行机构——京津冀科技金融服务公司

建立京津冀科技金融服务公司，使其负责科技金融平台的运营和管理。可以参考一些地方政府参与科技金融平台设立的经验。京津冀三地政府可以共同出资（政府独资）或者参与出资（引入社会资本），设立专门的运营机构。该机构经过中央政府和三地政府的授权，可以获取科技部、农业农村部、工信部以及省级相关部门的科技成果信息和企业信息，并通过互联网科技金融平台发布这些信息。该平台还可以纳入大量科技信贷银行、科技保险公司、风险投资机构、科技企业以及其他相关服务机构，如资产评估机构、律师事务所和会计师事务所，为科技项目与金融服务的对接提供全方位服务。此外，公司的运营总部可以设在雄安新区，为近期中关村科技金融资源向雄安新区的转移提供各种非官方的对接服务。

此外，建立京津冀科技金融服务公司还有助于分担三地科技部门的相关服务工作。举例而言，在配合科技部组织的每两年一次的科技创新创业大赛活动方面，地方科技部门需要投入大量的具体工作，包括项目或企业竞赛辅导、承担省级分赛区的大赛组织以及优秀科技项目（或企业）的筛选推荐等。与此同时，科技部也需要承担大量的组织及其他具体工作。科技金融中介服务公司的设立可以承担这些任务,从而有效减轻科技部门的负担。另外,政府科研经费的投入中,很大一部分是通过项目申报形式支持科研立项和经费,对于项目的申报与筛选工作,科技部门同样需要投入大量精力。实际上,这些工作完全可以由科技金融服务运行公司来完成,从而提高工作效率,释放科技部门的人力资源,使其更专注于科技创新与政策制定等核心职能。

2. 优化科技金融平台功能

综合全国科技金融平台的服务内容与实践经验,科技金融平台的功能可总结为以下五个方面:一是信息服务功能:科技金融平台致力于实现科技企业、科技成果、企业融资需求、创投机构投资需求、银行等金融机构科技信贷产品等基础数据的采集、信息处理与集中展示。这包括对各类科技相关信息的汇总整理,为不同主体提供全面的信息支持。二是对接服务功能:平台通过需求分析与评价、商业策划与包装、项目宣传与推介等撮合服务,满足平台上各类投融资主体的需求。主动开展对接活动,创造有利于各方合作的机会,推动科技项目与融资资源之间的对接。三是交易服务功能:除了对接服务,平台还侧重完善与延伸各项服务内容,包括股权融资、银行借贷、知识产权质押贷款、新产品成果转让以及技术合同登记等多样的交易服务。通过提供全方位的交易支持,促进科技创新成果的快速转化。四是技术创新服务功能:平台通过对中小科技企业创新能力的评价、与商业银行合作开发科技信贷产品、对专业性技术进行技术水平评价与市场估值等技术性服务,支持科技企业的技术创新发展。这有助于提高企业的技术水平,增强其创新竞争力。五是支持服务功能:为了平台的良性运行,科技金融平台实现了对各类信息的统计与分析,为平台决策提供参考。这包括对平台内交易数据、对接活动效果等方面的监测,为平台的优化和升级提供数据支持。

3. 平台运行保障机制

一是建立京津冀科技创新风险投资引导基金是京津冀科技金融平台建设的关键项目。这一引导基金的设立旨在吸引更多的风险资本投入,为科技企业提供资金支持,推动科技创新在京津冀地区的蓬勃发展。国际上已有多个国家设立了类似的政府引导基金,而北京、天津、河北也已建立了各自的科技创新引导基金,为科技产业发展提供了资金支持。在这一方案中,京津冀三地政府将共同出资设立科技创新风险投资引导基金，或者整合各自独立的引导基金。这样的合作举措可以在政府资金引导作用的基础上，进一步激发社会资本的参与。通过这一机制，可以有效整合三地的金融资源，吸引更多的社会资本投入京津冀区域的科技创新活动中。同时，借助适度的政府干预，有助于将更多科技创新和金融资源配置到河北地区，进一步提升三地的协同创新能力。

二是设立京津冀区域性科技贷款融资担保公司，这是为京津冀科技金融平台建设的重要辅助项目。科技创新领域的融资通常涉及较高的投资风险，由于投资周期较长，效益回报时间较晚，传统的商业银行在提供科技贷款方面受到一定限制。为解决这一问题，设立科技贷款融资担保公司可以提供更加灵活、定制化的融资担保服务，促进科技创新企业获得更多融资支持。京津冀地区已有数十家商业银行参与科技信贷服务，但为了更好地支持科技创新，需要建立专门的担保机构。在国家政策支持下，北京、天津与河北均已设立了政府资助的融资担保机构。鉴于河北在财政资源上的相对短缺，为了充分发挥河北农业产业优势，促进农业科技创新，这三个地区的政府可以考虑共同成立一个农业政策性融资担保公司。该公司可以以农业科技园区为依托，为科技企业和龙头企业提供商业化融资的政策性担保服务。这一举措旨在促进京津冀区域农业科技创新，实现三地农产品和科技创新的有机结合，为河北提供机会向京津地区输送高品质的农产品。随着合作逐步深化，三地政府可以逐步扩大合作范围，设立联合的科技创新融资服务担保公司，为推动科技创新服务的银担合作和银保合作打下坚实基础。这将有助于更好地整合区域内的金融资源，提高科技创新企业的融资可得性，促进科技金融平台更全面地发展。

（四）科技金融平台协同的预期成效

一是促进创新生态系统。科技金融平台协同有助于促进京津冀地区的创新生态系统。通过整合科技和金融资源，可能会激发新的创业活动和技术创新，推动产业的升级和转型。

二是提高金融服务效率。通过科技手段，如大数据、人工智能和区块链等技术的应用，可以提高金融服务的效率。这有助于优化资金流动、风险管理等方面的业务，提升整个区域的金融体系的运行效率。

三是支持小微企业发展。京津冀地区有许多小微企业，这些企业是经济的基础。科技金融平台协同可以提供更便捷、灵活的融资渠道，帮助小微企业获得资金支持，推动其发展壮大。

四是降低金融风险。利用科技手段加强风险管理和监控，可以降低金融系统的风险。智能化的风险评估和监测系统有助于及时发现潜在风险，采取相应的措施，保障金融体系的稳定运行。

五是促进跨区域合作。京津冀科技金融平台的协同可能促进跨区域的合作。通过整合资源，不仅可以提高区域内金融体系的整体竞争力，还有助于推动不同区域之间的经济合作，形成合力。

六是吸引投资和人才。一个高效、创新的科技金融平台可能成为吸引投资和人才的重要因素。这有助于形成良性的发展循环，推动区域内的经济繁荣。

需要注意的是，这些预期成效的实现需要政府、企业和金融机构等多方的合作。同时，随着科技和金融领域的不断发展，相关政策的调整和技术的创新也将对预期成效产生深远的影响。

五、科技金融的产品协同

（一）科技金融产品协同的必要性

由于京津冀地区经济结构的差异，不同行业和企业在金融服务方面具有多样化的需求。一方面，传统制造业、服务业和新兴科技产业等不同领域的企业，对于融资、投资、支付等金融产品有着各异的需求。另一方面，不同规模和发展阶段的企业对金融服务的需求也存在差异，包括初创企业、中小企业和大型企业等。科技金融产品协同能够根据这些差异性需求，提供更为个性化和定制化的金融解决方案，满足不同行业和企业的实际金融需求，进而推动整个京津冀地区金融体系更加全面、灵活地服务于多元化的市场。通过科技金融产品的协同发展，可以更好地适应京津冀地区经济结构的多元化特征，促进金融服务的精准化，推动区域内产业的协同发展。

与此同时，由于京津冀地区的协同发展战略，企业在不同地区间展开业务活动成为常态。科技金融产品协同通过提供一体化的金融服务，为企业跨区域的业务拓展提供了关键支持。不同区域的企业可能面临不同的金融环境、法规和市场需求，因此，科技金融产品的协同能够使企业更好地适应跨区域经营的挑战。通过整合金融服务，包括融资、支付、结算等多个方面，企业可以在京津冀地区更加无缝地开展业务，实现业务流程的协同和高效运作。这种支持不仅有助于降低企业在跨区域经营中的金融风险，还推动了协同发展战略的有效实施，促使京津冀地区形成更加紧密的经济一体化格局。

（二）科技金融产品协同的难点与重点

1.风险控制难度较大

不同地区的金融市场、经济环境和法规体系存在差异，使金融产品在跨区域运营中面临更为复杂的风险。首先，不同地区的经济形势和市场风险不同，可能对企业的还款能力、信用状况等产生影响。其次，跨区域的法规差异带来了合规风险，需要科技金融机构建立更为细致和适应性强的合规管理机制。此外，信息不对称问题也增加了风险的不确定性，科技金融机构需要通过加强信息共享，提升风险监测和评估的精准度。最后，汇率波动、地缘政治等因素也可能对跨区域金融服务造成不可预测的风险。因此，科技金融产品协同需要建立更为灵活和全面的风险管理体系，整合各方资源，加强信息披露和监测，以应对复杂多变的跨区域经营环境，确保金融服务的可持续稳健发展。

2.金融服务体验不统一

由于不同地区的文化、经济发展水平和金融市场特点的差异，企业在不同地区可能面临截然不同的金融服务体验，这包括金融产品的设计、服务流程的优化以及客户服务的标准等方面的不一致性。这种不统一的体验可能导致企业在不同地区的金融合作中感受到服务的不协调和不适应，影响了企业对金融服务的整体满意度。解决这一问题需要科技金融机构在协同发展中建立统一的服务标准，确保金融产品的设计和服务流程在跨区域中能够保持一致性。同时，加强对客户需求的深度了解，提高个性化服务的能力，以适应不同地区企业的特殊需求，从而提升整体金融服务的质量和一致性，促进京津冀地区金融服务体系的协同发展。

3. 跨区域信息不对称

由于京津冀地区的不同，包括但不限于市场规模、产业结构和发展阶段的差异，导致了企业在不同地区间获取信息的不均衡性。这种信息不对称可能表现为企业在某一地区无法获得准确的市场情报、竞争对手信息以及地方性政策变化的及时性。这不仅会影响科技金融机构在制定金融产品和服务策略时的决策准确性，也可能使其难以在跨区域运营中灵活应对市场动态。

（三）科技金融产品协同的措施与方法

1. 统一金融政策

首先，通过构建建立一致的金融政策框架，可降低企业在不同地区经营中面临的政策不确定性，提高企业在协同发展中的预期稳定性。其次，统一金融政策能够消除地区之间的金融壁垒，为金融机构提供更为统一的经营环境，促使其更积极地参与科技金融产品的协同开发。此外，一致的金融政策有助于规范金融市场行为，提高市场的透明度和公平性，为科技金融产品提供更为健康的发展环境。最重要的是，统一金融政策有助于实现京津冀地区金融市场的整体协同，推动科技金融产品更加有序地在不同地区间进行合作与创新，促进整个地区金融服务水平的协同提升。因此，建立统一金融政策是推动科技金融产品协同发展，实现京津冀金融一体化的关键步骤。

2. 建设跨区域金融创新实验区

建设跨区域金融创新实验区是京津冀科技金融产品协同发展的战略性举措。通过设立实验区，可以提供一个相对自由和灵活的环境，以推动金融机构在科技金融领域进行试点和创新。实验区内的金融机构可以更容易获得政策支持和监管的灵活性，从而更积极地参与新型科技金融产品的研发和应用。这不仅为金融机构提供了实践和探索的空间，也为政府和监管机构提供了一个了解新金融产品潜在影响的平台。通过实验区的建设，能够推动金融服务的创新，加速新技术在金融领域的应用，促使科技金融产品更加符合实际需求。实验区的成功经验还可以为京津冀地区其他地方提供可复制和推广的经验，进一步促进科技金融产品在整个地区的协同发展。因此，建立跨区域金融创新实验区有望成为推动京津冀科技金融产品协同发展的关键举措。

3.制定共同的技术标准

通过确立一致的技术标准，不仅能够促进科技金融产品在京津冀地区的互通性，还有助于提高产品的可扩展性和互操作性。首先，共同技术标准有助于降低科技金融产品在不同地区间的技术壁垒，使这些产品更容易在多地实现无缝对接和协同运作。其次，统一的技术标准可促进跨区域金融机构和科技公司之间的合作，降低因技术差异而产生的集成难度，加速产品的研发和推广。此外，共同的技术标准还能够为监管机构提供一个统一的监管基础，使其更好地了解和监控不同金融机构的科技金融产品，有助于规范金融市场行为。因此，制定共同的技术标准是实现京津冀科技金融产品协同发展的基础性措施，为整个地区的金融服务提供了更加统一和高效的技术支持。

（四）科技金融产品协同的预期成效

科技金融产品协同的预期成效在于促进京津冀地区金融服务的整体水平提升，推动经济的创新和可持续发展。这一发展模式将为区域内企业提供更多金融支持，推动科技与金融的深度融合，为整个京津冀区域带来更多发展机遇。

一是促进跨区域企业融资。科技金融产品协同将有助于形成一体化的融资生态系统，为跨区域企业提供更为便捷、灵活的融资渠道。通过金融科技创新，降低企业融资的门槛，提高融资效率，从而促进企业的创新和发展。

二是推动科技金融创新。通过协同发展，不同地区的金融机构和科技公司可以共同探索和推动新型科技金融产品的创新。这有助于加速金融科技的应用，推动区域内的数字化金融生态圈的建设，提升金融服务的智能化和个性化水平。

三是提高金融服务效率。科技金融产品协同可以整合金融服务资源，优化服务流程，提高金融服务的效率。通过自动化、数字化的手段，减少烦琐的流程和时间成本，为企业提供更为高效的金融服务。

四是降低金融风险。协同发展可以促使建立更为全面、精准的风险管理体系。不仅可以通过大数据分析等技术手段提升风险识别的准确性，还能通过金融产品的多元化，降低整体金融系统的风险水平，提高系统的韧性。

五是推进科技金融生态圈建设。科技金融产品协同有助于推动建设数字化金融生态圈。通过整合科技和金融资源，打破传统金融壁垒，促进不同领域的合作与创新，形成良性循环的金融生态系统。

六是提升金融服务体验。协同发展将推动金融服务标准化与优化，使企业在不同地区间享受到更为一致和高质量的金融服务体验，增强客户满意度。

六、科技金融的信息协同

（一）科技金融信息协同的必要性

京津冀科技金融信息协同的必要性在于推动区域经济协同发展，提高金融服务效率，支持实体经济发展，并促进金融行业创新和风险管理。这对于建设现代化金融体系、推动区域可持续发展具有重要意义。

一是促进科技创新与金融发展的深度融合。通过科技金融信息协同，可以促进科技创新与金融业务的深度融合，加速传统金融业务的数字化转型，推动金融行业更好地应对科技变革带来的挑战和机遇。

二是提高金融服务效率，降低金融风险。一方面，通过科技金融信息协同，可以实现金融机构之间、科技企业与金融机构之间的信息共享，优化资源配置，提高金融服务效率。这有助于降低金融交易成本，提高金融服务的可及性和普及度。另一方面，信息协同也可以帮助金融机构更好地了解市场和客户，提高风险管理水平。科技手段如大数据分析、人工智能等在金融风险评估和监管方面的应用，可以有效减少金融风险，提高金融体系的稳定性。

三是支持实体经济发展。京津冀协同发展是我国国家战略的一部分，科技金融信息协同能够为京津冀地区的实体经济提供更灵活、更便利的金融支持。这对于促进产业结构升级、推动科技创新、促进经济可持续增长具有重要意义。

（二）科技金融信息协同的难点与重点

1. 数据标准化和互通难题

在不同地区、机构和部门中，采用的数据标准和格式存在较大差异，导致科技金融信息在协同过程中难以实现顺畅的互通和共享。这种差异使数据交换变得复杂，增加了数据处理和整合的难度。例如，金融机构可能使用不同的数据命名规范、字段定义和数据编码方式，而政府监管部门则可能有自己的规范和标准。这种多样性使数据在跨机构和跨行业之间的传递和解释变得困难，阻碍了科技金融信息在整个协同生态系统中的流动。解决这一难题需要建立统一的数据标准和格式，以促进各方之间的无缝对接，实现科技金融信息的高效互通，从而推动京津冀地区科技金融的协同发展。

2. 合作机制不完善

在科技金融信息协同的过程中，多方合作是必不可少的，包括金融机构、科技公司和政府部门等各利益相关方。然而，由于缺乏有效的合作机制和沟通渠道，合作过程中常常面临诸多困难。不同机构之间可能存在信息共享的瓶颈，合作意愿和沟通渠道不畅通可能带来协同推进的阻碍。政府、企业和科技机构之间的协同合作需要更加紧密的联系，以便制订共同的发展目标、推动政策协同，并建立互信和共赢的合作模式。只有通过建立完善的合作机制，促使各方协同作战，才能更好地应对科技金融发展中的共性问题，推动京津冀地区科技金融行业的整体发展。

3. 技术架构的不统一

不同金融机构和科技公司在科技金融领域采用各自不同的技术架构和系统平台，这种异构性使得在科技金融信息协同过程中出现了技术集成和互操作的复杂性。例如，一些金融机构可能使用传统的核心银行系统，而另一些可能采用云计算和大数据技术。这种差异不仅使系统集成变得烦琐，还增加了数据流通和业务流程的复杂性。为了实现科技金融信息的协同，需要建立统一的技术标准和开放的接口，以便不同系统之间能够无缝交互。此外，还需要推动行业内的技术协同与共享，促使各方采用一致的技术架构，从而降低集成成本，提高系统的整体效能，推动京津冀地区科技金融行业朝着更加协同和高效的方向发展。

（三）科技金融信息协同的措施与方法

1. 制定统一的技术标准

制定统一的技术标准对于促进科技金融信息协同至关重要。首先，相关各方包括金融机构、科技企业以及监管机构需要积极参与协商过程，共同制定通用的技术标准，以确保不同系统之间的互操作性。这一过程需要全面考虑行业特点和发展趋势，以建立灵活、可扩展的标准框架。其次，建立标准的过程需要充分考虑安全性和隐私保护，制定相应的安全标准和数据加密规范，以应对信息协同中可能涉及的敏感数据传输和存储问题。此外，制定技术标准的过程也需要考虑未来技术的发展趋势，以确保标准的长期有效性。为了达到这一目标，建议建立一个行业联盟或标准化组织，汇聚各方智慧，共同推动制定统一的技术标准，促使科技与金融更好地融合，推动整个行业朝着更加开放、高效的方向发展。

2. 建设数字化金融生态圈

建设数字化金融生态圈是实现科技金融信息协同的关键步骤。首先，需要搭建开放的数字平台，通过开放API的方式，促使金融机构和科技企业更加便捷地接入并共享数据与服务。这有助于打破信息孤岛，实现不同系统之间的协同工作。其次，数字化金融生态圈的建设需要强调数据共享和合作。金融机构和科技企业可以通过建立联合创新实验室等形式，共同研发新技术和新产品，推动科技在金融领域的创新。此外，建设数字生态圈还需要鼓励创新金融产品和服务的推出，以满足不断变化的市场需求，促进产业升级。在整个过程中，重要的是建立良好的合作文化和机制，促进金融机构、科技企业以及监管部门之间的密切协作，共同推动数字生态圈的健康发展，最终实现金融服务的更高效、更创新的未来。

3. 加强人才培训

加强人才培训是确保科技金融信息协同顺利推进的关键环节。首先，培训计划应涵盖金融从业人员和科技专业人才，使其获得跨领域的知识，深刻理解科技金融的挑战和机遇。培训内容应包括新兴技术应用、数据分析、人工智能、区块链等相关领域的知识，以提升他们对科技金融的理解。其次，培训需要强调法规和合规性方面的知识，以确保金融服务在科技创新过程中遵循相关法规，提高合规性水平。此外，建议设立定期的培训计划，持续跟踪科技和金融领域的发展，确保从业人员保持对新技术和趋势的敏感性。与此同时，建议推动与高校和专业培训机构的合作，制定科技金融相关课程，以提供更多针对性的培训，培养更多具备交叉专业知识的人才。通过这些综合性的培训措施，能够更好地满足科技金融信息协同对高素质人才的需求，推动行业发展并提高金融服务的创新能力。

（四）科技金融信息协同的预期成效

京津冀科技金融信息协同有望加速区域内金融体系的现代化建设，推动实体经济的升级，提高金融服务的效率和普及度，助力区域经济的可持续发展。

一是促进实体经济升级。科技金融信息协同将加速金融服务与实体经济的深度融合，有助于推动制造业、服务业等实体经济部门的创新升级。通过金融科技的应用，企业能够更灵活地获取融资支持，提高科技水平，增强竞争力。

二是优化金融服务体系。协同发展将促进整个金融服务体系的优化与升级。通过信息共享和技术创新，可以提高金融服务的效率和便捷性，满足企业和个人多样化的金融需求，推动金融业务的数字化转型。

三是降低融资成本。金融信息协同有助于建立更为完善的信用评估体系，提高风险评估的精准性，从而降低融资的成本。这将促进中小微企业融资的便捷性，推动创新创业。

四是推动区域一体化发展。京津冀地区通过科技金融信息协同可以实现资源的更好配置，促进区域一体化发展。金融资源的有机流动将加速区域内产业协同，推动京津冀协同发展战略的实施。

五是提高金融风险管理水平。金融信息协同将通过大数据分析、人工智能等技术手段，提高金融机构对风险的识别和管理水平。这有助于降低金融风险，提高整个金融体系的稳定性。

六是吸引创新人才。京津冀科技金融信息协同的成功实施将大幅提升这一区域对创新人才的吸引力。具备科技金融背景的专业人才将成为推动区域经济和金融创新的核心力量。

七、科技金融的人才协同

（一）科技金融人才协同的必要性

一是跨区域需求匹配。科技金融行业对高素质人才的需求非常迫切，而不同区域可能拥有不同的科技金融企业和项目，需要各区域的科技金融人才能够跨区域协同，实现需求与人才的更好匹配。

二是跨学科协同创新。科技金融领域涉及多个学科领域的知识，包括金融学、计算机科学、数据分析等。通过科技金融人才的协同合作，可以促进不同学科的交叉融合，推动更加创新的科技金融产品和服务的诞生。

三是共同应对技术挑战。科技金融行业面临着不断变化的技术挑战，包括人工智能、区块链、大数据等领域的发展。通过不同区域的科技金融人才的协同努力，可以更好地共同应对这些技术挑战，推动行业技术水平的提升。

四是促进人才流动。京津冀协同发展机制的建立有助于打破地域限制，促进人才在京津冀地区的流动。科技金融人才可以更自由地跨越不同区域，为企业和项目提供更广泛的人才选择。

五是共建创新生态圈。通过科技金融人才的协同努力，可以共建一个更加强大的创新生态圈。各地的科技金融人才在创新项目、研究中形成合作网络，推动创新成果的互相借鉴和分享，促进整个京津冀地区科技金融生态的协同发展。

（二）科技金融人才协同的难点与重点

1.文化差异

京津冀三地拥有不同的历史、地理、民俗文化，这可能导致科技金融人才在不同地区的文化理解和团队协作存在难点。不同地区的工作方式、沟通风格、价值观等方面存在差异，可能导致在协同发展中产生不同理解和相互融合的挑战。因此，解决文化差异的重点在于加强跨区域的文化交流与融合。通过组织多元文化的培训和交流活动，促进京津冀三地科技金融人才之间的相互理解，建立共同的价值观和工作文化，从而提升团队协作效率，促进科技金融法协同发展的顺利进行。这也包括在组织文化上的灵活性，以容纳和尊重各地区的差异，推动形成共同契合的文化氛围。

2.法规差异

在京津冀科技金融协同发展中，法规差异是科技金融人才协同面临的重要难点之一。不同地区存在着各自独立的法规体系和监管政策，金融创新、数据隐私、合规要求等方面的法规存在差异。这导致科技金融人才在不同区域工作时需要适应不同的法律环境，可能在合规性认知、法规遵从等方面产生困扰。因此，重点在于建立跨区域的法规对接机制，通过协同制定统一的科技金融法规标准，解决法规差异带来的认知不一致，促使科技金融人才更好地适应跨区域协同发展的法律环境，推动京津冀科技金融法规协同的顺利进行。

3.人才流动限制

在京津冀科技金融协同发展中，人才流动限制是一个显著的难点。户口政策、社会保障制度的不同以及地区之间的行政体制差异，可能导致科技金融人才在不同地区的流动受到限制。这样的限制可能阻碍了人才的跨区域就业和创新活动，削弱了区域间科技金融人才的流动性。因此，重点在于消除人才流动的障碍，制定更加灵活的人才流动政策，解决户口和社会保障的问题，为科技金融人才提供更多的发展机会和选择空间，从而促进京津冀三地科技金融法协同发展中的人才流动。这可以通过建立更加便捷的人才流动渠道、优化相关政策、提供更具吸引力的社会福利等多方面努力来实现。

（三）科技金融人才协同的措施与方法

1.共建培训平台

共建培训平台是在京津冀科技金融协同发展过程中推动人才协同的重要

举措。通过共建培训平台，可以整合三地的培训资源，提供全方位的科技金融人才培训，以促进协同发展。首先，共建培训平台可以统一培训标准和内容，确保科技金融人才在京津冀地区接受的培训水平一致。这有助于消除不同地区的人才差异，提升整体素质。其次，平台可以提供多元化的培训课程，涵盖科技、金融、法律等多个领域，以适应科技金融人才的多样化需求。这有助于打破传统专业领域的壁垒，培养更全面、跨领域的科技金融专业人才。同时，共建培训平台还可以通过线上线下相结合的方式，提供便捷的学习渠道，允许科技金融人才在不同地区自由选择培训方式，提高培训的覆盖面。最重要的是，共建培训平台是京津冀三地共同合作的体现，通过协同努力，可以整合各地培训机构和企业资源，共同推动科技金融人才培训体系的建设。这将为培养高水平、全方位的科技金融人才提供更为有力的支持，促使京津冀科技金融法协同发展取得更为显著的成果。

2. 共建科技金融专家库

建设健全科技金融产业研究学术创新体系，首先需要确立并发展一支专业的研究队伍，包括建立科技金融产业战略决策高端智库，该智库将聚焦于深度研究科技金融产业发展的战略问题。通过引入业内专家、学者以及从业人员，智库将成为产业决策的权威机构，为京津冀区域的经济增长、高新技术产业发展以及区域金融中心建设提供专业决策咨询。

在这个过程中，重要的一步是培养一批科技金融产业发展战略专家。这需要建立起完善的科技金融产业人才培养机制，为有志于投身科技金融领域的人才提供系统化的培训和教育。通过与高校、科研机构等合作，建设一系列的培训计划、研讨班以及实践项目，以培养出精通产业战略的科技金融专业人才。

这些科技金融产业问题专家将在各级政府部门发挥关键作用，为高新技术产业发展、高新区建设、科技型中小企业发展等方面提供决策咨询服务。通过制订战略计划、发展规划，他们将有助于推动科技金融体系的建设，促进科技金融与产业深度融合，为京津冀区域的科技金融行业提供战略引领和智力支持。这将有助于提高区域创新和金融服务水平，推动整个京津冀区域的经济可持续发展。

3.共设奖励机制

通过这一机制，可以激发人才的积极性，促使他们在协同发展中发挥更大的创造性和合作性。首先，奖励机制可以设立针对协同发展的科技金融人才的奖项，如协同创新奖、跨区域合作奖等，旨在表彰在京津冀三地协同发展中取得卓越成就的个人或团队。这种形式的奖励不仅能够激发个体的积极性，也能够鼓励团队协同努力。其次，奖励机制可以考虑提供额外的薪酬激励或职业晋升机会，作为对于在协同中做出贡献的人才的实质性奖励。这一措施将有助于吸引更多具有实力和潜力的科技金融人才参与京津冀科技金融领域的协同发展中。此外，设立奖励机制也可以涵盖项目资助和资源支持，鼓励科技金融人才开展创新项目和合作研究。这将为协同发展提供更丰富的资源支持，推动更多创新成果的涌现。最后，奖励机制的建立需要合理设定评选标准和程序，确保公正、公平，并倡导激励机制的透明度，以增强人才对于奖励体系的信心。通过这一奖励机制，将有助于在京津冀三地营造更加有利于科技金融人才协同发展的氛围，推动协同取得更为显著的效果。

4.共设交流平台

共设交流平台是在京津冀科技金融法协同发展中促进科技金融人才协同的重要手段。该平台可以为不同地区的科技金融人才提供一个开放、包容的交流空间，有助于促进经验分享、专业合作和共同创新。首先，交流平台可以定期组织专业性的研讨会、论坛和交流活动，邀请来自京津冀各地的科技金融从业者，分享最新的行业动态、技术趋势和法规变化。这有助于弥补不同地区之间的信息鸿沟，提升人才对于整个行业发展的共识。其次，通过建立在线社交平台或专业论坛，科技金融人才可以方便地进行跨地区的沟通和互动。这样的平台不仅可以促进实时的交流，还可以搭建合作的桥梁，为协同发展提供便捷的沟通渠道。此外，交流平台还可以设立专门的技术、创新或法规工作组，由不同地区的专业人才组成，共同研究解决行业内的难题，促进深度合作。最后，为了增强平台的吸引力，可以设立交流平台奖励机制，表彰在平台上做出重要贡献的个人或团队，鼓励更多人才积极参与协同发展的进程中。通过建设这样的交流平台，将有助于打破地域壁垒，促进京津冀三地科技金融人才的深度合作，为科技金融协同发展提供更强有力的支持。

（四）科技金融人才协同的预期成效

一是人才资源优化配置。科技金融人才协同能够实现跨区域的人才资源共享和优化配置，充分发挥不同区域的特色和优势。这有助于更有效地满足不同区域科技金融行业的人才需求，提升整体行业水平。

二是促进跨学科创新。跨区域的科技金融人才协同有助于不同学科领域的人才共同协作，推动更广泛的创新。金融专业人才与计算机科学、数据科学等专业背景的人才之间的交流合作，将促进科技金融产品和服务的创新发展。

三是技术应用与产业发展。跨区域科技金融人才的协同合作有助于技术更广泛地应用。通过共同努力，能够加速科技金融技术在实际业务中的应用，推动产业数字化、智能化升级。

四是解决技术难题。跨区域的科技金融人才协同能够聚焦于解决整个区域面临的共同技术难题。这有助于推动区域科技金融行业在技术上的共同发展，提高整体创新能力。

五是加强人才培养与交流。科技金融人才协同有助于建立更加紧密的人才培养和交流机制。不同区域的高校、研究机构和企业可以共同合作，共享资源，培养更具竞争力的科技金融人才。

六是推动数字经济发展。跨区域的科技金融人才协同将推动数字经济在京津冀地区的全面发展，加速区域经济结构的升级和转型。

综合而言，科技金融人才协同将为京津冀地区的科技金融行业带来更加协同、创新和可持续的发展，为整个区域的数字化转型做出积极贡献。

八、科技金融的监管协同

（一）科技金融监管协同的必要性

首先，京津冀科技金融监管协同有助于优化监管效能，提高金融市场的整体运行效率，确保金融体系的健康发展，这也符合国家金融监管体制改革和科技创新的大趋势。随着科技金融的迅速发展，涉及跨区域交易和服务的情况逐渐增多。京津冀三地经济紧密联系，但由于地方行政区划的差异，跨区域金融活动可能面临监管边界不清晰、法规不统一的问题。协同监管有助于构建更加统一、高效的监管框架，促进金融服务的顺畅开展。

与此同时，金融市场的风险具有溢出和传染性，一地的金融问题可能对周边地区产生影响。协同监管有助于尽早发现、防范和解决金融体系中可能存在的风险问题，提高整个区域金融系统的稳定性。其次，监管资源优化。通过协同监管，监管机构可以共享信息、经验和资源，避免重复建设，提高监管的效率。这对于应对科技金融领域的挑战、加强监管手段、加大对违规行为的打击等方面都具有积极的作用。最后，京津冀三地有不同的法规和监管实践，协同监管有助于推动相关法规的一致性和合规性。这帮助企业和机构在不同地区开展业务时，能够更加明确遵循法规框架，减少了跨区域运营的法律风险。

（二）科技金融监管协同的难点与重点

1.法规与制度差异

在京津冀科技金融协同发展中，法规与制度的差异成为一个显著的难点。由于三地行政辖区的独立性，各自制定和实施的金融监管法规存在差异，这可能导致金融机构在跨区域业务中面临复杂的法规合规挑战。不同地区的监管框架、审批流程和合规要求存在差异，给金融机构带来了遵循和调整的不确定性。协同监管的关键在于解决这些法规和制度的不一致性，建立统一的法规协调机制，以确保协同发展中各方在法规遵从上更为统一，从而为科技金融提供更加稳妥的法律环境。此过程需要政府间协商、法规修订与统一的合作机制，以平衡各地监管需求，促进法规体系的一致性，提升协同监管的可行性和实施效果。

2.信息共享与隐私保护

在京津冀科技金融协同发展中，信息共享与隐私保护的平衡是一个关键的议题。协同监管需要实现金融机构和监管机构之间的信息共享，以有效监测市场风险、提高监管效能。然而，随之而来的是个人隐私和商业敏感信息的保护问题。确保信息的合法、安全和隐私友好的共享，涉及建立完善的隐私保护机制。这包括制定明确的数据使用政策、建立强有力的数据加密和安全存储措施、明确信息共享的目的和范围,并建立监管机构对违规使用信息的惩罚机制。信息共享与隐私保护的平衡需要依托先进的技术手段和明晰的法规框架,以确保协同监管的效能同时不损害个人和企业的隐私权益,促进科技金融的可持续发展。这需要各方共同努力,达成信息共享与隐私保护的良好平衡,以推动整个区域金融体系的安全、健康、可持续发展。

3. 监管技术与创新风险

在京津冀科技金融协同发展中,监管技术与创新风险是一个重要而复杂的问题。金融科技创新不断推陈出新,而不同监管机构的技术水平和监管手段可能存在差异,可能出现监管技术与创新风险不对等的情况。协同监管需要面对不同监管机构在监管科技应用和数据分析等方面的技术不平衡,这可能影响监管的全面性和准确性。为解决这一问题,需要建立一体化的监管技术平台,包括先进的监管工具、数据共享机制、人工智能分析等,以便更好地适应快速变化的金融科技环境。此外,监管机构需要不断提升自身技术水平,跟上金融科技创新的步伐,以更好地履行监管职责。协同监管不仅涉及技术的整合和提升,还需要制定相应的法规和规范,明确监管科技的合法应用和数据隐私保护原则,以有效规避监管技术与创新风险带来的挑战,推动科技金融的健康发展。

4. 地方利益和协同意愿

在京津冀科技金融协同发展中,地方利益和协同意愿是一个关键的挑战。不同地区可拥有独特的发展战略和经济利益,可能导致在协同监管方面存在一定的分歧。地方利益的不同可能表现为各地在金融政策、税收政策等方面的差异,使协同发展面临调和各方利益的复杂性。为解决这一问题,需要建立明确的协同机制和合作框架,使各地更好地理解和平衡各自的利益,可能包括通过协商一致的方式制定跨区域金融政策,确保各地在协同中既能够追求自身利益,又能够与整体发展保持协调。促进地方利益和协同意愿的结合,需要政府层面的引导和协同推动,确保协同监管不仅符合地方利益,更能够实现整个京津冀地区科技金融发展的共同繁荣。

（三）科技金融监管协同的措施与方法

1.完善监管法律法规

一是建立统一的监管机构，面对科技金融领域当前出现的混业经营挑战，若依旧采用传统的分业监管方式，势必会导致监管职责的交叉和责任推诿现象，为解决这一问题，建议设立一个统一的监管机构，该机构通过法律授权获得对科技金融全面的监督管理职能。同时，人民银行应对该监管机构执行审核和监督，确保其有效运行。二是要通过立法来明确监管主体享有的义务和承担的责任。一方面要增加与金融科技相关的监管条例，明确不同监管部门的职责，并将职责进行详细划分，使各个部门能够在日常工作中各司其职。另一方面，要实施信息共享和案件护送制度，并将其纳入立法中，从而实现对风险动态监测，提升科技金融企业的应对能力。

2.确立全新的监管理念构建立体式的监管体系

第一，要在科技金融监管中积极采用"数据驱动"理念。科技的快速发展带来了大数据、云技术等新兴工具的广泛应用，监管科技金融需要充分利用这些新技术。通过强化科技监管手段，特别是利用大数据等工具，提高监管的前瞻性和系统性，以增强对数据的深入分析，解决监管部门和科技金融行业信息不对称的问题。

第二，要在科技金融监管中贯彻"适度监管"理念。在监管科技金融时，必须清晰划定监管和市场自主的边界，谨慎并慎重使用监管权力。在风险可控的范围内，鼓励适度的创新，使监管更具弹性，能够更好地适应科技金融市场的发展。

第三，在监管科技金融过程中应用"动态监管"理念。一方面要针对市场主体在初步创建时可能遇到的潜在风险进行预判，另一方面要重点关注新兴业务在成长中面临的各种风险，因此除了要重视市场主体准入监管以外，还要重视对市场主体的事中和事后监管。

第四，在监管科技金融过程中应用"协同监管"理念。要加强监管政策的协调工作，不断完善与其他国家和组织的交流，从而形成信息共享机制。

第五，在科技金融监管中应用"风险防控"理念。为有效应对金融科技带来的潜在风险，建议构建全方位多层次的监管体系。首先，市场主体应通过合同、公司治理等方式构建第一道风险防线，强化自身的风险防控能力。其次，通过组建行业协会等机构发挥自律监管作用，加强对市场的监督和规范。在这一过程中，金融监管部门和行政监管部门的角色可限于市场准入、业务运转和风险处置等核心业务方面，以确保金融市场的稳定运行。同时，实时的社会治理机制可以充当业务监管的补充，对科技金融引发的社会事件进行监督和控制，并具备相应处理权。最后，司法部门在科技金融案件方面发挥裁判作用，保护消费者权益，引导市场主体的合法经营。这一多层次监管模式能够全面防范风险，确保科技金融健康有序发展。

（四）科技金融监管协同的预期成效

科技金融监管协同的预期成效主要包括提升监管水平、规范金融市场、支持金融科技创新、保障数据安全与隐私等方面，为京津冀协同发展奠定更为坚实的基础。

一是风险防范与处置能力得到提升。协同监管有望增强对金融市场风险的监测和处置能力，通过信息共享和及时的协同行动，有效防范和应对潜在的金融风险。

二是市场公平与规范发展。通过建立统一的监管标准和协同机制，可以促进金融市场的公平竞争，防止不当行为，推动科技金融的规范发展，维护市场秩序。

三是金融科技创新支持。协同监管有助于为金融科技创新提供更好的支持和环境，通过技术合作、信息共享，推动创新金融产品和服务的发展，促进区域内金融科技产业的蓬勃发展。

四是数据安全与隐私保护。协同监管有望建立更为统一和健全的数据安全与隐私保护机制，确保在信息共享的过程中，个人隐私和商业敏感信息得到有效保护，提高各方的信任度。

五是监管效能提升。通过合作机制的建立，可以优化监管资源配置，提高监管效能，减少重复建设，增强监管的全面性和灵活性，更好地适应金融市场的变化。

六是地区金融生态圈建设。科技金融监管协同有助于构建更加健康、安全、可持续的地区金融生态圈,推动区域内金融机构和科技企业形成协同创新的良性循环。

九、科技型企业帮扶协同

(一)科技型企业帮扶协同的必要性

京津冀科技金融协调发展中,科技型企业帮扶协同具有关键的必要性。

第一,这种协同有助于推动创新与科技发展。科技型企业作为创新的引领者,通过金融协同可以更便捷地获取融资支持,用于研发新技术和推动产品创新,从而促进科技进步。

第二,协同可以提高科技型企业的竞争力,为其提供更灵活和个性化的融资服务,使其更好地应对市场变化,提高市场份额。

第三,金融协同还能促进科技成果的转化,帮助企业更好地将研发成果转化为实际产品和服务,推动科技创新在社会中的广泛应用。通过吸引人才和投资,协同有助于提升科技型企业的企业形象,促进企业的可持续发展,同时也推动整个地区的科技人才聚集。

第四,金融协同能有效缓解科技型企业面临的融资难题。通过开发创新的融资工具和服务,不仅可以降低企业发展过程中的金融风险,还能提高资金的可获得性,支持企业的创新与成长。

第五,科技型企业的繁荣有助于形成良性的创新和发展生态系统,金融机构与科技型企业的协同发展促进资源的共享和互补,推动地区整体科技水平的提升,促进经济结构的升级和产业的转型。因此,科技型企业在帮扶协同京津冀科技金融协调发展过程中显得至关重要。

(二)科技型企业帮扶协同的难点与重点

1.政策不一致

不同地区存在各自的产业政策和扶持措施,导致科技型企业在不同地区面临截然不同的政策环境。这种不一致性可能包括税收政策、财政支持、科研经费分配等方面的差异，使企业在跨区域发展时难以获得一致的政策支持。企业在选择地区时，往往需要在不同政策框架下权衡各自的利弊，可能面临着不确定性和复杂性，阻碍了其全面发展和在整个京津冀协同机制下的协同效益。

2. 资源分配不均

由于地区之间存在发展水平差异，科技资源、资金支持以及人才储备等方面的分配可能不够均衡，使科技型企业在协同发展中面临着不同程度的资源匮乏。北京、天津地区因为发展基础较为雄厚而能够提供更丰富的科技创新资源，而河北地区则可能面临着相对短缺的困境。这不仅影响了企业在不同地区的投资决策，也可能导致一些企业在竞争中处于不利地位。

3. 人才流动限制

人才流动限制是一个制约科技型企业帮扶协同的难点。由于不同地区之间存在户籍、社保等方面的限制，科技人才流动受到一定的阻碍。这使企业在协同发展中难以自由调动和吸引全国范围内的优秀科技人才，从而限制了企业在不同地区的创新和发展能力。

4. 行业协同难度

不同地区的产业结构和特色存在较大差异，导致企业在跨区域合作中可能涉及不同的产业链、商业模式和市场需求。这种行业协同难度体现在合作伙伴的选择、战略协同的制定以及资源整合的复杂性上。企业需要克服不同地区产业发展水平、竞争格局等方面的差异，寻找合适的协同合作伙伴，并制定能够适应不同市场的战略。此外，需要建立有效的信息共享和沟通机制，以应对行业协同中可能出现的理解不一致、合作不畅等问题。政府和产业方面应加强协同发展规划，促进产业链上下游的协同互补，降低行业协同的难度，推动不同地区的企业形成更加紧密的产业协同体系，实现京津冀协同发展的整体推进。

（三）科技型企业帮扶协同的措施与方法

1. 制定一体化的产业政策

通过制定一体化的产业政策，确保不同地区的科技型企业能够获得相似的政策支持，包括税收优惠、科研经费支持、创新基金等。一体化政策支持的核心目标是降低企业在不同地区间的政策不一致性，为企业提供更为稳定和一致的法律、经济环境。这可以通过建立统一的产业发展规划、加强政策沟通机制、设立协同发展评估机构等方式实现。一体化政策支持有助于提高企业的政策透明度，减少企业在不同地区间的经营风险，同时也能够吸引更多的科技型企业参与协同发展，推动整个京津冀地区的科技创新和产业升级。

2.科技人才培养与引进

加强科技人才培训计划，同时简化人才流动的手续，吸引和留住优秀科技人才，使人才能够在京津冀地区更自由地流动。首先，需要建立更加开放和便捷的人才流动机制，包括放宽户籍限制、简化人才引进手续、提高社会保障的可转移性等，以鼓励优秀科技人才跨地区流动。其次，建立更多的协同创新平台和人才交流机制，促进京津冀地区科技创新资源的共享，使人才能够更便捷地参与不同地区的协同项目。此外，要在政策层面推动各地协同发展的一体化规划，提高整个区域的科技创新水平，减少科技人才流动的不确定性。通过这些综合性的举措，可以逐步消除人才流动限制，激发科技人才的创新活力，为京津冀协同发展提供更强有力的支持。

3.资源整合与共享

解决资源分配不均需要建立更加平等和公正的资源协同机制，通过区域间的合作平台，促进资源的有序流动和共享，确保科技型企业在整个京津冀协同发展过程中能够公平获取各类资源支持，从而推动企业的均衡发展。此外，政府和产业方面应该加强对资源分配不均的关注，通过协同发展战略来缩小地区之间的发展差距，提高整个协同区域的科技水平和创新能力。建立科技创新资源共享平台，促进不同地区科研机构、高校和企业之间的资源整合，使创新资源能够更广泛地流动和共享，提高整体科技创新水平。

（四）科技型企业帮扶协同的预期成效

科技型企业帮扶协同有望为京津冀地区带来创新活力、资源优势、人才流动与培育等方面的多重成效，推动区域整体科技水平和产业结构的协同提升。

一是创新生态构建。协同发展有望构建更为完善的创新生态，通过科技型企业间的互动与支持，激发更多创新创业活力，推动新技术、新产品的研发和应用。

二是科技资源优化配置。协同机制有助于实现京津冀地区科技资源的优化配置，通过企业帮扶合作，实现科技研发成果的共享和有效利用，避免资源浪费。

三是产业链整合。科技型企业帮扶协同有助于促进产业链上下游的合作与整合，形成更加有机、高效的产业链网络，推动整个区域产业的协同发展。

四是人才流动促进。协同机制可以降低地域之间的人才流动限制，吸引更多高端科技人才在京津冀地区流动，推动科技人才的跨区域合作，促进共同创新。

五是市场竞争力提升。通过企业之间的技术合作、资源共享，有助于提高企业的市场竞争力，形成具有国际竞争力的科技产业集群。

六是科技成果转化加速。协同发展能够加速科技成果的转化，促进科技型企业更好地将研发成果应用于生产实践，推动科技成果从实验室走向市场。

七是风险分担与共担。协同机制有助于科技型企业在面临风险时进行分担与共担，通过资源的共享，降低创新和发展中的风险，提高企业的抗风险能力。

附录：
科技金融的国际经验

第1节
科技园区

近几年来,随着金融技术的发展,全球金融市场呈现出一种新的增长态势。以人工智能、大数据和区块链等为代表的新一代信息技术,已经对诸多金融细分领域进行了广泛的渗透,从而产生了大量的新场景、新业态、新模式,也给传统金融机构造成了不小的冲击。中国、美国、日本、新加坡等国家都认识到了金融科技的巨大价值,纷纷加大了对其的投资与布局,希望能在新一轮的国际竞争中取得更大的优势与主动。

一、美国

(一)纽约湾区

纽约湾区,由纽约州、新泽西州、康涅狄格州等31个县共同组成,可细分为4个大都市分区。纽约湾区相当于美国发源地的现代称呼,在经历了几次转型之后,纽约湾成为世界最富足的地区,纽约2022年GDP总量达到了7.62万亿人民币,稳居2022年全球城市GDP排行榜第一,这样的GDP总量也是我国北上广深四个地区的GDP总和。

纽约是世界金融的核心,拥有纽约证券交易所和纳斯达克证券交易所,还拥有美国第一大银行和第三大银行的总部,以及两千多家世界金融、证券、期货及保险机构。纽约不仅是金融中心,还是世界上最伟大的科技创新中心,走在金融科技创新的前沿。纽约湾区的金融资源非常丰富,聚集了雄厚的资本,以及拥有极为便利的融资环境,带动产业转型升级。

在纽约湾区的曼哈顿,汇聚着全球的金融资源,街道两边的摩天大楼中是数不清的银行、保险公司、信托公司、基金公司和交易所,在这里,遍布着4000余家金融机构。传统金融和科技创新需要深度融合与协同发展,科技创新可以提升国际金融中心的核心竞争力,同时,成熟的金融资本市场、金融产品以及金融服务也可以为科技创新提供资本和活力。形成"金融科技产业一体化"促进数字经济、金融科技产业蓬勃发展,推动美国经济繁荣。

科技发展是金融行业发展的重要推动力,金融行业要想提高服务效率与交易平台的监管能力,必须依靠科技创新作为提升手段,才能更好促进金融行业的繁荣。金融科技的发展,如大数据技术、数字货币、区块链在金融领域的应用,使金融市场服务效率不断提高,金融市场层次、产品层次及价格发现功能不断提升,交易成本不断降低。此外,纽约湾区将金融科技产业作为重点发展的产业之一,并将"全球科技创新领袖"作为未来发展的重要战略,以科技与金融的融合主导未来金融领域创新趋势。

(二)旧金山

1. 旧金山湾区的经济发展

旧金山湾区(The Bay Area)位于美国加利福尼亚州北部。旧金山是美国西部的金融中心,是旧金山湾区中最早从工业化进行产业结构调整的城市。由于硅谷高科技产业的飞速发展,并且对世界科学技术的进步做出了巨大的贡献,因此,旧金山湾区也被称为"科技湾区"。旧金山湾区拥有优美秀丽的自然生态环境,多元化、包容性的工作环境,开放的文化气氛,为全球各地的高端人才提供了发展的平台。金融机构和投资公司在旧金山地区数量极多,如美林银行、摩根士丹利等,这样得天独厚的环境和迷人的氛围得到了全球知名企业和大量投资者的青睐,为旧金山地区经济吸引了大量资金和投资,也为当地企业和创业者提供了更丰富的融资和投资服务。

旧金山2022年GDP总量达到了4.03万亿人民币,同比增长44.92%,旧金山2021年没有进入全球城市GDP十强排名,但在2022年增量12787万亿人民币,这样巨大的增量使旧金山挤进了全球城市GDP十强排名,并超越了芝加哥和费城,排名第八。值得赞叹的是,旧金山2022年GDP的增量相当于我国西安市2022年GDP总量。

2.旧金山金融行业分析

旧金山金融市场的发展始于19世纪。19世纪60年代,加州"淘金热"兴起,旧金山金融行业得以迅速发展,成为美国西部地区的金融中心。近些年来,随着互联网的应用,金融行业也逐渐在大数据、云计算等金融科技的领域有所发展,越来越多新兴的金融科技公司在旧金山兴起,并对传统金融有所冲击。旧金山金融行业的市值占美国西部金融行业总市值的25%以上,是美国西部金融中心,同时也是美国第三大金融中心,仅次于纽约和芝加哥。

大数据技术是目前全球发展速度最快的、最具有潜力的技术之一。旧金山的金融行业也在积极地摸索与大数据技术的应用,例如,旧金山交易所利用大数据技术对交易数据进行分析等。在金融市场中,通过利用大数据分析,加快了决策判断效率并且可以更精准地掌握未来市场的走向。

云计算是通过网络"云"将巨大的数据计算处理程序分解成无数个小程序,然后通过多部服务器组成的系统进行处理和分析这些小程序得到结果并返回给用户。这项技术的应用可以提高金融机构的运营效率,降低企业的IT投入,增强IT资源的可用性。金融行业利用云计算的模型,将金融相关的信息与服务分散到庞大的分支机构构成的互联网"云"中,为银行、保险和基金等金融机构处理、运用和共享互联网资源。

旧金山金融行业能迅速发展,得益于该地具有齐全的金融供给链、高级的技术人才和投资资金等多方面的优势,但同时面临着来自其他金融中心的竞争和国家金融监管的困难。旧金山是美国金融科技创新的中心,在旧金山出现了大量的金融科技企业,如PayPal、Square等企业使移动支付、数字支付广为人知,这些企业靠金融科技的创新和其业务模式的优势,对传统金融机构形成了巨大冲击。

二、日本

(一)东京推动金融科技发展

近年来,东京作为国际金融中心的地位逐渐下滑,在2022年全球城市GDP排名中,东京由2021年的第二名降至第三名,总量达到了6.41万亿人民币,排在纽约和洛杉矶之后。东京这些年金融科技领域的竞争力在逐渐下降,导致东京金融整体的竞争力下滑,若想重新夺得亚洲金融中心的地位,必须采取更加猛烈的政策和手段。

随着全球数字时代的到来,日本的经济结构正经历着深刻的变革,与此同时金融行业也将面临这种变革。金融中介机构将投资者和资金的需要方关联在一起,通过金融科技实现数字化的流程,让资金的流动变得更为顺畅,从而加强"投资链"。除此之外,还要加强推进无现金交易,一方面可以推广数字货币和线上支付的使用,另一方面也可以随着大众的支付行为收集经济活动的数据,并可以利用这些数据产生新的金融服务。

(二)日本科技金融体系

在日本,科技金融能得到很好的发展,得益于其较为全面、完善的体系:以银行融资为主改革、多维度的资本市场,具有完备的担保体系以及系统的政策性法律法规。

首先,日本创新融资工具,如银行将贷款或应收账款证券化并出售,赋予了贷款新的活力,成为具有流动性的资金;日本进行融资制度改革,为了解决科技型中小企业融资难、缺乏传统抵押担保物的问题,创新性地运用知识产权作为担保取得长期的资金供应。日本相比于欧美国家来说,证券市场起步较晚,发展并不完善。因此,日本科技型的中小企业融资主要是靠间接融资,也就是通过银行贷款来进行。这也形成了银行与企业之间长期的关联关系,从而使银行能够对企业有效监管,并且科技型中小企业融资中的信息不对称的问题也得到了一定程度的缓解。

其次,多维度、多层次的金融资本市场也使日本科技金融的发展更加迅速。日本共有五个证券交易所,即东京、大阪、名古屋、福冈、札幌。在各个证券交易所设立创业板市场,分别为新JASDAQ市场、MOTHERS市场、CENTREX市场、AMBITIOUS市场和Q-BOARD市场,为金融市场创新了层次。

最后,日本具有完备的信用保险制度和信用保证制度,采用双重担保的融资模式,创建了"一项基础、三大支柱"的担保体系。"一项基础"是由政府出资、金融机构摊款和累计收支余额形成信用保证基金,作为基本财产;"三大支柱"分别是指信用保证保险制度、融资基金制度和损失补偿金补助制度三个制度作为基础的支撑。中小科技企业融资时，如果因为缺失一般抵押物或者信用记录不完善等原因无法融资，可以利用信用保证体系为企业提供担保，该担保体系由中央与地方风险共担、担保与保险相结合。

三、新加坡

金融科技的迅速发展，不仅是新加坡经济转型的关键时期，也关系到新加坡是否能成为全球与时俱进的金融中心。在政府的帮助下，新加坡在与其他国家的激烈角逐中脱颖而出，金融科技企业如雨后春笋般蓬勃地发展起来，促使新加坡成为东南亚地区最大的金融科技中心。同时，新加坡也是顶尖的国际金融中心，在科技创新方面一直处于全球领先地位，科技与金融的深度结合不仅可以发挥各自的优势，还可以实现利益最大化。

新加坡政府在过去的几年中，一直在努力推动科技金融领域的快速发展，从资本、技术、人才和市场等多方面建立金融科技的生态系统，实现金融市场与科技创新的有机结合。在实施的金融科技战略体系当中，较为特别的是电子支付、数字货币和区块链技术在国际贸易中的应用，这些金融科技可以使交易流程更加简洁、成本也可以降低，这一战略体系使新加坡在全球贸易中稳住了脚跟。

新加坡的金融科技企业日益增加，并且提供的金融服务范围也十分广泛。2020年后，受新冠疫情的影响，全球的经济和金融科技活动处于低迷的状态，但新加坡的金融科技产业却逆流而上。2022年，新加坡金融科技公司的交易份额在全球的占比同期增加了一倍，规模也从2021年的3980美元涨至4390美元。新加坡也有AIDA、Bambu、Contemi、Moneythor、Silent Eight、Yun ESG和Tooktaxi这7家金融科技企业入围2021年AI+FinTech100榜单，除了新加坡本土的金融科技企业外，还有不少国际金融机构和高科技公司。2022年7月，新加坡主要支付机构Fomo Pay与美国Ripple建立合作关系，优化了跨境支付服务。

新加坡的传统银行也在积极地向金融科技靠拢，逐渐地数字化，形成互联网银行,这是银行电子化到银行数字化的转型升级,办理业务完全可以在网络上进行,这样不但可以减少运营成本,还可以使覆盖面更为广泛。

目前,新加坡是使用区块链技术进行跨境贸易最友好的国家。新加坡由通信媒体发展局搭建了TradeTrust,可以实现跨境、跨平台的电子贸易文件互传,这样在很大程度上提高了贸易效率。由于区块链的不可篡改和可追溯的特征,也使贸易过程中的双方增加了信任并减少了诈骗的可能性。

第2节
创新基金

创新基金由政府设立,私营企业、风险投资机构和其他投资者参与,能够为有价值的科研项目提供资金、资源以及各个方面的支持。创新基金的目标是促进经济增长、提高竞争力和推动社会进步。投资者通过投资和支持具有创新潜力的项目来获取收益,帮助创业者、研究机构和企业将想法或科技成果转化为可行的商业解决方案。世界上有很多成功的创新基金,它们在推动创新、支持创业和促进经济发展方面取得了显著成果。本节通过介绍美国、丹麦和以色列三个国家的创新基金,总结出一些值得参考的经验。

一、美国SBIR计划

SBIR计划又称为"美国种子基金",是1982年美国小企业管理局统筹协调多个联邦政府部门,共同实施的政府创新计划,目的是资助小型企业进行创新研发活动,其每年的资金预算已达到30多亿美元。SBIR计划的主要目标是促进科学技术的创新和商业化。它通过向符合条件的小型企业提供阶段性研发资金,来帮助他们开展科技创新项目,从而刺激国内科技发展的潜力和国内科技企业的国家竞争力。

首先,SBIR充分发挥了政府机构的作用。一方面,该计划由十一个联邦机构参与,各个机构根据国会制订的指导方针,来指定对应的研发主题,同时规定小企业通过竞争性评审的方式获得资金支持,这种竞争的方式能够激发竞选企业的积极性,从而在一定程度上提高项目的质量和水平,进而确保资金利用达到最大化。另一方面,政府机构利用自身的权力和职能来为小企业尽可能地减少不必要的阻碍。小企业管理局专门为小企业提供专业的技术支持、资金、市场准入以及援助等服务的专门机构,在全国拥有着1.3万名经验丰富的退休人员,由他们组成的经理服务公司通过自愿和签订合同等方式来为小企业管理者提供咨询管理服务。政府还充分利用美国发达的资本市场,通过银行、金融机构来为小企业解决融资等方面的问题。此外,政府还颁布了"企业出口流动资本项目",通过该项目,美国大部门商业银行都可以为这些企业提供短期的出口信贷,促进了这些企业的进出口贸易。

其次,SBIR计划的资金支持是分三个阶段逐步推行的,不是一次性完成的。第一阶段,是技术可行性论证阶段,每个项目如果通过评选,会根据项目情况,获得5万美元到25万美元的奖励,该阶段的周期一般为6个月。在这个阶段,管理层的主要目标是对项目进行技术的实用性价值和能否在未来实现产业化的研究。第二阶段是第一阶段的延伸,只有在第一阶段获奖的企业,才有资格步入第二阶段,该阶段的企业通常可以获得750万美元的奖励,持续期限为两年。在这个阶段,管理层将继续第一阶段的工作,通过考虑市场规模、竞争情况、市场需求等因素,评估技术的市场化潜能,确定技术的商业化前景。第三阶段则是技术转化阶段。在前两个阶段的基础上,项目组努力将技术成果转化为可以产业化的产品或增值服务,并且可以如期在市场上推行。从上述描述来看,参与SBIR计划的企业在每个阶段都有特定的目标和资金支持,这种阶段性的资金支持和竞争模式,有利于增强小企业之间的竞争力,能够科学地利用资金,来降低资金滥用的风险。

最后,政府对科技企业进行采购形式的支持是该计划成功的重要推动力。上文提到,在第三阶段,企业将其技术研发成果转化为商业化产品或服务,并市场推广。由于这些产品的创新性和先进性,政府也有浓厚的兴趣,小企业有更多的机会与政府机构进行合作,并获取政府采购合同。政府同样也希望通过自己的采购来推动这些产品的市场化。小企业的研发成果与政府需求、采购相结合,推动了消费者市场对创新产品的采购步伐,促进了小企业的成长和发展。

根据以上特点,可以总结出以下可以借鉴的经验。第一,政府要构建跨部门的服务平台,为科技企业提供信息支持和专业咨询的平台,发挥其创业咨询、业务合作对接、市场信息发布等功能,搭建平台的沟通机制,为科技企业与社会之间、科技企业内部之间提供沟通桥梁。第二，设立专门的机构协调和管理中小企业科技创新。该机构有权在其行政区域内进行宏观的政策制定，管理当地政府与科技企业的合作项目，并根据市场需求来确定相关的研发主题。要主动完善当地政府的采购机制，在科技成果产品化时，给予采购支持。第三，要根据不同的阶段制定不同形式的资助政策。在企业起步阶段进行前期资助，通过财政拨款方式由政府为小企业提供必要的研发资金，加强对基础研发的支持，以更好地开展创新研发活动，帮助其提高科技创新能力。在企业发展阶段进行后期资助，通过财政资金支持企业的产品，从而起到导向作用。第四，建立完善的利益分配机制。在政府与科技企业合作的过程中，可以制定合理的合同条款和利益分配机制，充分发挥政府和企业两头的积极性，推动两者良性发展。第五，健全政策考核和评估机制，明确每项政策的落实责任人，上级政府要加大检查评估力度，做好惠企政策，不要搞形式主义。

二、丹麦创新基金

丹麦创新基金，成立于2014年，由丹麦科技部、丹麦工业和贸易部以及丹麦高等教育和科学研究部共同管理。该基金的目的是提升国家创新水平，以"投资"名义给予项目，但并不占有项目股份或要求投资回报。

（一）丹麦创新基金投资目标明确，专注于特定领域

丹麦创新基金的投资主要集中在生物医学、食品制造、经济贸易、环境资源、材料、数字化与信息通信技术等领域。该基金会针对这些行业急需解决的技术问题，资助相对应的科研项目，由此来推动社会难题的解决。在专注投资行业的背景下，丹麦创新基金所投资的项目非常广泛。丹麦创新基金支持各种具有创新点的项目，不仅是人们日常生活息息相关的便民项目，还包括能够促进科学进步的突破性项目，为此该基金设立了大型项目、成长型项目和人才型项目三个不同的项目，来适应不同的情景。

（二）丹麦基金拥有科学的运行机构

丹麦创新基金的投资管理机构负责具体实施各类项目的验审、投资、监管和评估等工作，该机构由董事会、内部员工和外部专家组成。董事会拥有最高的决策权，负责制定各种战略规划和决策权力。执行主管则负责日常的运营工作，外部专家对申请项目进行同行评审，给予专业性的建议。职责明确、协作分工，确保投资项目的运营、发展、成果产出和转化，因此该基金能够有效地进行项目选择、决策和监管，以支持和推动创新项目的成功实施。

（三）丹麦基金的申请流程比较严谨

在投资前，丹麦创新基金都要围绕项目建设目标、研究成果能否让大众受益等方面进行详细阐述，甚至要求竞选项目进一步提供支撑材料，可以看出丹麦创新基金非常注重项目在知识创新、促进经济增长和提供就业岗位等方面的表现。

从上述特点可以看出，丹麦创新基金重视项目的创意和价值创造，能否促进经济增长和提供就业岗位，能否引领社会创新创业文化等。

三、以色列YOZMA计划

以色列YOZMA计划是以色列政府于1993年推出的一项政策性投资计划，旨在推动国内创新创业和高科技产业的发展。YOZMA计划的主要目标是鼓励和支持以色列的创新企业，被认为是世界上最成功的政府主导型风险投资基金之一。

（一）YOZMA计划的运作模式和特点

1.政府资本引导社会资本参与

该基金的资金结构由两大部分组成，其中20%的资金由YOZMA基金直接注资，另外的80%是由10只较小的参股基金来组成。参股基金由三个投资主体组成，分别是YOZMA基金、国际风险资本公司和国内民间资本公司。政府基金可以有效提高风险投资者的信心，刺激国外资本投资积极性，从而促进国外资本向以色列流入。

2.政府和其他投资者职能定位明确

YOZMA基金在日常运作中，基金其他参与方负责运作、日常管理与投资决策，YOZMA基金享有相应的投资收益，与其他参与方平等参与基金投资委员会，负责控制子基金的运作目标和投资方向并监督社会资本的退出。YOZMA基金在基金运作中扮演着引导和监督的角色，以此来确保基金的设立目标和投资策略得到遵守。海外资本与私人投资者作为基金的普通合伙人则需要承担无限连带责任，但也正因如此，其管理团队进行日常的投资活动时，需要时刻谨慎观察投资企业的状况，以保持该基金竞争性和盈利性。

3.注重基金管理

在具体运营管理方面，非常注重对基金管理人综合素质的考察，层层选举，同时必须按照协议规定聘请以色列本土专业投资机构来负责基金的日常运营与具体投资决策，以充分发挥管理团队的专业经验和投资能力，使基金能够更灵活、高效地进行投资和决策，确保基金能够进行市场化的运作。

4. YOZMA作为政府推行的投资基金，有明确的政策导向性

该基金根据所投资项目的行业领域和产业阶段，制定了具有针对性的投资原则。它主要的投资对象是目前状况不佳，但前景最为看好的高新技术行业，如通信、生命科学医疗技术和医药领域等，这些行业在当时被认为具有巨大的发展潜力。

5.通过国际合作，YOZMA计划拓展了以色列企业海外上市的途径

该基金利用以色列政府的优惠政策，吸引了大量国外的风险资本进入以色列市场，经过一段时间的发展，每个YOZMA子基金背后都有一家国外风险投资公司参与，其所投资的企业在美国和欧洲上市的阻碍大大减少。国外资本的注入，在共同的利益捆绑下，促进以色列形成了资金从国外金融市场获得，产品再销往国际市场的模式。

6.以市场为中心，坚持政府定位

以色列政府为基金提供了支持和指导，以确保其符合国家的发展战略和目

标，有助于确保基金的运作具有市场竞争力和可行性。在基金资本已经显著增加后，政府资金及时主动退出，以色列政府早在基金设立之初，就做出了退出程序安排。每只子基金都被赋予政府股份的看涨期权，在有效期内，都可以优先认购政府资本。

通过YOZMA计划的实施，以色列新增了相当数量的高科技企业，并推动了以色列创业投资产业的快速发展，从根本上改变了以色列国内的经济环境。

（二）YOZMA计划值得借鉴的经验

1.要强化创业投资引导基金的示范和指导作用

要明确创业引导基金的地位，认清其定位是指导、激励和监管，而不是盈利。要通过政府资金示范性，有效地吸引国内和国际资本投资科技领域。要结合经济发展状况，积极探索新的机制，设立创业投资引导基金，吸引国内外创业投资机构入驻，建立投资机构集聚区。

2.政府要坚持尊重市场的决定性作用，不要过多干预经济行为

虽然政府性的投资基金归根到底是一种商业性行为，但是应该尽量避免带有商业色彩。在设立投资引导基金后，政府要明确自身的职责范围，遵循有所为、有所不为的原则，不要直接干预参与具体的活动。基金管理应以市场化、专业化运作为原则，借鉴以色列的期权激励机制，主动让利于民，而不是与民争利，要充分利用资本的逐利性，来吸引更多的国内外资本。要有长远眼光，不要只看眼前的利益，注重长远利益，要引导基金管理者投资成长性高、潜力大的企业。要增加对投资者的回报，鼓励更多的投资者参与创业投资，推动创新创业生态系统的发展。

3.科技和金融的融合，需要高素质的管理者来协调

金融投资的良性发展离不开人才，要提供高质量的金融教育和培训机会，包括金融专业的学术教育和行业培训，政府要积极联系海内外的专业人士对本地区的金融行业从业人员进行培训。加大国际合作，要主动联系国际知名金融机构和研究机构，吸引国际金融专家进行交流，加大对金融人才的引进力度。

第3节
风险投资

风险投资是指风险投资者对创业企业进行股权投资的行为，在科技企业的发展中扮演着重要的角色。首先，大部分科技企业在前期都需要大量的资金投入，但是其风险高，不能够确定未来能否盈利，因此传统的融资渠道很难帮助到此类企业，而风险投资在一定程度上解决了科技企业资金困难的问题。其次，风险投资者能够为科技企业提供市场支持和资源整合。优秀的风险投资者可以帮助企业进行市场和销售渠道的拓展。风险投资者熟悉其所投资的行业，掌握着众多的行业资源，通过与风险投资者合作，科技企业可以获得更多行业内的合作机会，拓展更多的合作伙伴，从而加速企业的成长和发展。

在当前强调企业创新发展的背景下，本节通过对美国和以色列风险投资行业在不同方面的优点，试图总结一些经验，来帮助我们探索发展路径，从而更加清晰地认识如何利用风险投资来助力国家科技企业的发展。

一、美国

美国是全球范围内最著名和最活跃的风险投资市场之一。20世纪90年代至今，美国经济高速增长，主要源于高科技创业，风险投资起到了加速器的作用。美国风险投资之所以能够发展迅速和完善有以下几点原因：

美国颁布了大量法案促进了风险投资的发展。第一，为了吸引外国投资者来美国投资增加就业机会，美国移民局设立风险投资者移民签证，签证要求至少投资一个50万美元风险投资项目，创造至少10个工作岗位。这一项目为国外投资者提供了进入美国市场并获得永久居民身份的机会。第二,路演豁免法案,美国证券交易委员会制定了一系列规定,要求企业在向公众募集资金时进行注册和披露。然而,为了促进早期创业公司的融资,美国制定了一些豁免规定,使创业公司可以通过限定投资者的方式进行资金募集,同时免除了美国证券交易委员会注册和披露的要求。第三,长期资本利得税优惠,美国的税法对于长期持有资产的投资者提供了优惠。长期资本利得税适用于持有资产超过一年并以利润出售的情况,并根据个人所得税税率进行征税。这种税收优惠鼓励投资者长期持有资产,包括参与风险投资项目,此政策的目的是激励投资者保持长期投资,并为他们提供更有利可图的环境。

美国拥有持续繁荣的创新生态系统,包括优秀的大学、研究机构和技术孵化器等。这些机构培养了大量的创业者和创新团队,而这些人才和机构提供了丰富的创新项目供风险投资机构投资,而事实表明有很多项目获得了巨大成功,如亚马逊、雅虎等知名企业。

美国有着世界上最发达的资本市场,不同等级的市场吸引了大量的由风险投资机构、天使投资者、私募基金等参与的风险投资资金。这些投资者寻找高风险高回报的机会,并愿意为具有潜力的企业提供资金支持。风险资本的流入为创业公司提供了实现其战略目标和增长计划的资金。同时,美国资本市场为风险资本提供了便捷的退出机制。投资者往往通过出售其所投资企业的股权,来实现利润或回报。股票市场、公开发行和收购等方式使风险投资者能够获得其投资的回报。

我们可以从美国风险投资行业中汲取一些经验,并结合自身的情况加以借鉴。首先,要建立健全完善的风险投资生态体系,包括风险投资机构、天使投资人、孵化器、加速器等。这样的生态系统能够为创业企业提供必要的资金、资源和指导,促进创新和创业的发展。其次,立法部门要根据市场的变化来不断加强完善风险投资方面的法律法规,并制定相应的政策支持。例如,为风险投资提供税收激励、优化市场准则、简化投资程序等,以吸引更多的投资者和资金流入风险投资领域。加大力度鼓励民间资本参与风险投资行业,不同类型的投资者可以提供不同层次和领域的资金和经验支持,丰富投资机会和资源。最后,建立成熟的退出机制,加强上市、并购和二级市场等方面的发展,提供更多完善便捷的资本退出机制,能够让投资者更好地转化投资,更简单便捷地获得投资回报,来刺激风险投资的持续繁荣。

二、以色列

在20世纪80年代,以色列发展起了符合本国环境的风险投资产业,学习美国硅谷的模式取得成功,被誉为第二硅谷。

以色列的风险投资发展可以追溯到20世纪60年代初,为了促进私人企业科技研究,以色列于1969年在国家工业与贸易部成立了首席科学家办公室,旨在发展商业领域的科技研发能力。政府采取措施,支持科技创新和初创企业,其中包括设立风险投资基金,提供政府担保的贷款以及减免税收等优惠措施。这些政策鼓励了企业家和投资者在高科技领域进行投资。随着以色列经济的发展和社会财富的积累,诞生了不少创业企业,政府还颁布了《产业创新促进法》,支持企业的研发投入和促进中小创新型企业的发展。随着资本市场的不断宽松,1985年以色列的第一家风险投资Athena公司正式成立。

但是随着时间的推移,以色列发现很多国内的企业缺乏经营管理经验和市场意识,并面临着难题。以色列政府的政策重心逐渐转移到创业企业的形成、生存和成长,不再是单纯推动研究开发,而是建立一套完整的风险投资产业,设立并开展了英博计划和YOZMA计划。

(一)英博计划

英博计划的核心目标是通过政府新设立的英博保险公司来刺激设立公开交易的风险投资基金。英博保险公司向那些在特拉维夫交易所上市交易的风险投资基金保证70%以上的初始投资资本的安全。但是由于官僚主义的问题,效果并不明显。

(二)YOZMA计划

1992年,以色列开展了YOZMA计划,该计划的目的是吸引国外资本,在此前提下,促进国内风险资本家向国外风险投资机构学习,从而构建有竞争力的国际化风险投资网络。YOZMA成功引入了外国风险投资机构作为合作伙伴和投资者,帮助提高以色列风险投资市场的规模和影响力。YOZMA通过提供专业培训、咨询和指导,帮助本土风险投资机构提升其投资能力和管理水平。以色列的风险投资金额增长速度非常之快,外国投资银行数量猛增,创业企业数量增加。YOZMA计划相关联的风险投资基金管理公司管理的基金资产占以色列全部风险投资基金资产的55%,在以色列风险投资行业中发挥了积极影响。

(三)以色列风险投资成功经验

以色列风险投资成功经验主要有体现在以下四个方面:

1. 要明确政府定位,在政府提供支持的同时坚持发挥市场机制的作用

以色列在设立政府支持计划时,主要目标是培育和扶持本国的风险投资产业。一旦本土风险投资产业发展成熟,政府要逐渐退出,以此充分发挥市场机制的作用。这是因为一旦风险投资产业获得足够的发展和成熟,它们可以通过市场融资和私人投资等方式获得所需的资金和资源支持。此时,市场机制可以更好地发挥作用,通过投资者、风险资本和企业之间的自由交易来决定资源配置和市场竞争。

2. 要注重与国际市场融合

注重与国际市场融合,促进与国际合作伙伴和投资者的交流与合作,确保以色列的创业企业能够持续跟进和领先于全球的科技发展,要根据国际国内市场需求来进行生产活动的合理性,确保研发的产品能够有底气地面向国际市场。要充分利用外来资本的优势,为企业产品国际化扫清阻碍。

3. 风险投资产业与创业协调发展

要明白风险投资产业与创业是环境互动演进、协调发展的,两者是互相促进的。风险投资行业的发展离不开创业企业和科技创新活动的涌现,创业企业需要风险投资的资金支持。只有科技、金融、创业环境的协调发展,才能够实现经济的持续进步。

4.要对风险投资加深认识

风险投资是一项高风险的投资行为,在确定投资目标之前,我们要对投资项目后期发展和预期收益有一个专业的、合理的预期估值。风险投资离不开大规模的资金流入,要鼓励自发主动的风险投资。

第4节
科技信贷

科技信贷是一种特定类型的借贷服务，旨在向科技领域的企业和创新型企业提供资金支持。它结合了传统的商业贷款和针对科技行业的专门融资需求，以满足科技公司在其发展阶段中面临的独特挑战。科技信贷主要针对从事科技研发、创新和应用的企业，包括软件开发、硬件制造、生物科技、人工智能、互联网企业等。为项目融资、研发资金、运营资金等提供资金支持，帮助科技企业实现其创新和扩张计划。此外，科技信贷通常需要对借款企业进行风险评估，考虑公司的技术能力、市场前景、管理团队等因素，以确定借款额度和利率。相比传统的商业贷款，科技信贷更具灵活性和创新性，可以根据科技行业的特点提供定制化的融资方案，如风险投资、股权融资、技术许可等。

全球信贷市场正在发生变革。虽然在大多数经济体中，银行、信用合作社和其他传统的贷款机构仍然是公司和家庭融资的主要来源（在某些情况下，资本市场也扮演着重要角色），但近年来出现了新的中介机构，尤其是过去十年里P2P市场和票据交易等数字化借贷模式在许多经济体中得到了发展。它们如今被称作"基于债务的替代金融"，"金融科技借贷"或"金融科技信贷"不再通过传统的银行或贷款公司进行贷款，而改变为利用在线平台。此外，在过去几年中，"大科技公司"已进入信贷市场，直接与金融机构合作提供贷款。

为了更好地总结国际经验，我们可以按照国别进行分类，分别研究各个国家在金融科技信贷方面的经验和做法。在这个过程中，我们可以发现各个国家之间存在着很大的差异，有些国家已经取得了很大的成功，而有些国家还处于起步阶段。因此，我们可以从成功的国家中学习经验，同时也可以为那些还处于起步阶段的国家提供帮助和支持。以美国、德国、英国为例，分析不同国家和地区政府对科技信贷所采取的相应政策和发展现状，总结出相应的国际经验。

一、美国

作为全球金融科技的领先者，美国在科技信贷方面取得了重要的成就。美国的金融科技公司（如LendingClub和Prosper）在线上提供个人和小额企业贷款。此外，美国还鼓励创新金融科技公司提供贷款服务，通过推动技术创新和监管合规的平衡，为科技信贷提供互操作性。以下是关于美国科技信贷的一些重要特点和经验：

（一）突破传统"信用卡+支付+征信"体系，创新产品和服务

美国的信用卡与征信市场发展相辅相成，"信用卡+支付+征信"体系是美国最基本的个人信用体系，加上"先买后付"的支付方式，成为服务用户最新的服务模式，这种全新的消费信贷模式通过替代性数据也成为全美最普遍、最受欢迎的支付方式之一；与此同时，也出现了大量信贷科技企业试图摆脱"信用卡"的限制，这也说明有大量客户的科技信贷需求无法匹配这种体系。

一方面，一种创新的产品是P2P借贷平台，它通过在线平台将借款人与投资人进行匹配，提供个人和小企业借贷服务。这种模式可以为那些无法通过传统渠道获得贷款的人提供机会。此外，科技信贷公司还开发了基于移动应用的借贷产品，使借贷过程更加方便快捷。用户可以通过手机应用提交贷款申请，并且可以实时跟踪申请状态和还款情况。另一方面，科技信贷公司还使用大数据分析技术，从各种来源收集和分析数据，以更准确地评估借款人的信用风险。这可以帮助他们更好地制定贷款条件和利率，并为那些没有传统信用记录的人提供贷款机会。例如，亚马逊公司为消费者提供分期付款服务，使消费者能够轻松分期支付商品或服务的费用。亚马逊与金融科技公司Affirm合作为电商平台的用户提供先买后付（BNPL）的购物支付选项。先买后付是一种短期融资方式，允许消费者现在购买未来还款，与信用卡不同，通常是免息的。

（二）利用金融科技拓展目标客户，与传统银行进行合作

金融科技公司与传统银行合作的模式多种多样。一种常见的模式是建立合作伙伴关系，共同开发和推出新的金融产品和服务。另一种模式是通过API接口将金融科技公司的技术集成到传统银行的平台中，以提供更智能化和高效的服务。金融科技公司通常通过与传统银行共享数据来提供更好的产品和服务。此类数据包括客户的交易历史、信用评级、收入信息等。通过对这些数据的分析和利用，金融科技公司可以更好地了解客户需求，提供个性化的建议和解决方案。

美国的在线借贷平台通过使用技术和数据分析来连接借款人和投资者。这些平台提供个人贷款、小企业贷款、学生贷款等多种类型的贷款产品。借款人可以通过简化的在线申请流程和快速的审批获得贷款。由于信贷活动需要获得金融牌照，因此金融科技信贷企业通常选择与传统银行合作，通过传统银行发放贷款，避免了申请新执照的烦琐过程。与此同时，传统银行也希望通过与金融科技信贷企业的合作，推动金融科技在银行信贷业务中的应用，以实现信贷业务的转型。例如，LendingClub平台与犹他州特许银行WebBank合作，借助WebBank向经过审核的借款用户发放贷款，随后WebBank以凭证的形式将贷款卖给LendingClub。

（三）在已有的政策框架内对科技信贷进行监管

科技信贷行业不能缺乏监管，通过监管机构确保这些平台的贷款活动符合法律法规，并保护借款人和投资者的权益。为此，美国的监管机构对科技信贷公司实施了监管框架和规范，并持续关注行业发展。美国的监管机构，如货币监理署、证券监督管理委员会和证券期货交易所，提出了一个名为"负责任创新"的金融科技创新和监管框架。该框架旨在通过监管沙盒场景，探索人工智能、大数据、区块链等技术在客户识别、智能投顾、异常交易监测、反洗钱等方面的应用。这些监管机构计划通过引入创新技术，促进金融科技的发展，并确保其在安全与合规方面负责任。

二、德国

德国作为一个科技创新和科技产业发展较为重要的国家，也推出了一系列科技信贷计划来支持科技企业的融资需求。以下是一些关于德国科技信贷的经验：

（一）为中小企业提供信贷融资和差异化产品

德国的复兴信贷银行通过采用差异化产品和非直接面向中小企业的业务模式，为创新型中小企业提供贷款。它通过委托商业银行实施"转贷"机制来分散不同机构的定位和竞争问题。与此同时，德国的商业银行在接受复兴信贷银行"转贷"的同时，还积极创新产品和服务，努力汇聚成创新型中小企业融资的主要力量。根据德国的统计数据显示，在德国中小企业信贷市场中，商业银行的贷款占德国中小企业信贷市场的70%，比复兴信贷银行多出40%。尽管大型商业银行（如德意志银行、德国商业银行等）在中小企业信贷市场中占比不高（约为13%），但由于其较少的机构数量，贷款规模仍然相当可观。近年来，德国的大型商业银行更加重视向创新型中小企业提供贷款，并通过产品创新来提高对其的支持力度。

（二）明确监管原则，制定针对性监管措施

德国的监管部门要求本国的科技信贷平台，必须与其他金融服务中介机构一样遵守投资者保护、风险管理以及资本流动性等方面的相应规定。首先，德国政府通过相关机构对科技信贷进行监管。例如，联邦经济和出口授信局（BAFA）负责管理和监督德国的创新和科技信贷计划，确保信贷资金的正确使用和管理。其次，德国的科技信贷也受到金融监管法规的约束，金融监管机构（如德国联邦金融监管局）制定并执行有关金融活动的法律法规，包括信贷授予、利率设定、贷款条件等方面的规定。这些法律法规确保科技信贷业务合规、健康发展。再次，德国的科技信贷普遍要求进行信贷评估，以确保对借款方的可靠性和还款能力有充分的了解。信贷评估通常考虑借款方的财务状况、

经营能力、创新潜力等因素，以减少信用风险。监管机构可能对信贷评估的标准进行监督，确保评估程序公正有效。最后，德国的科技信贷通常要求借款方报告资金使用情况，监控资金的使用情况和效果。政府和相关机构可能要求借款方提供项目进展报告、财务报表等信息，确保资金被用于创新项目的研发、商业化等合规用途。政府对科技信贷领域进行监管，旨在保障公平、透明和有效的信贷市场运作。

三、英国

英国的金融科技信贷市场的发展趋势良好，格局逐渐稳定化，伦敦还拥有和纽约一样大的金融市场。以下是一些关于英国科技信贷的经验：

（一）推出科技监管沙盒，拓宽监管视野

传统的金融监管对科技信贷的发展有所限制。为了推动科技信贷的发展，部分国家引进了一些新的监管制度。譬如，英国金融行为监管局（FCA）提出创新项目，以此为科技信贷的发展提供大力支持。英国身为最早推出"监管沙盒"体制的国家之一，一直专注于巩固并维持欧洲金融科技中心的地位，致力于开发极具吸引力的金融市场，以此来掌握全球金融领域的话语权。英国现在已经拥有了一套较为完整的"监管沙盒"制度，其中包含了监管主体、协调机制以及政策工具，也因此积累了相对丰富的经验。从监管主体这一方面来说，FCA主要承担的是科技沙盒测试的全部流程，具有相对清晰明确的责任以及职责，从而可以较为高效有力地督导监察企业。从协调机制这一角度来看，FCA身为监管的主体，它需要对测试企业以及相关联的其他监管部门进行一定的沟通协调。在政策工具这一方面，为了能够使企业较为便捷地进行测试工作，英国指出了采用个别指导、限制性牌照等比较灵活易变通的测试工具。

（二）利用金融普惠发挥更大的作用

金融科技的发展渗透到了金融服务的各个方面，无论是信用评分、灵活融资或是开放银行等细分市场，金融普惠巨大的潜力将在金融科技信贷领域发挥

更大的作用，这将帮助更多的人获得信贷进行融资。虽然目前在英国本土仍有大量的借款人被市场上龙头企业拒绝借款或者是迫于威胁或压力接受不符合自身需求和条件的信贷，但面对这一问题，英国政府采取宣传大众金融知识和信贷知识的措施，并另辟蹊径，采取更多评估借款人信贷能力的方法，这些预防的措施消除社会融资的阻碍，为借款人提供量身定制的金融支持。

第5节
科技保险

由于全球经济正朝着数字化、网络化以及智能化的方向发展,保险领域也在经历着产业革新和科技革命。科技正成为保险行业升级转型的新型能源,经过几十年的发展,科技和保险的结合应用已经从基本的线上营销,层层深入到产品的开发生产、保险理赔以及风险控制等方面,从简单的开发改良阶段上升到深度的科技改革阶段。这背后离不开互联网企业、风控投资机构以及保险企业各方的投入和扶持,促进了科技保险的高速发展,具体体现在大量科技保险公司的萌芽、保险用户得到了更多的附加价值以及为保险公司乃至社会提供了更多的机会。本节以美国、英国和新加坡为例,总结出不同发展程度和方式的科技保险的相应政策和国际经验。

一、美国

美国的科技保险企业是如何发展得颇具成效的呢?这些企业在初期往往以科技为主业,到了中期进程的时候,为了使发展科技"更上一层楼",它们会经由营销宣传和科技来获得各种资本的投资;与此同时,也会得到足够的资本支持。市场验证合格后,就会通过收购或并购保险领域的企业来达到获得保险牌照等目的,最后上市。从国别来看,美国依然是全球科技保险的创新主战场,具体相关经验如下:

(一)细分市场促进安全的普惠保险

区块链技术是科技保险中发展潜力较大的一种方式。它有效改善了保险业的理赔处理流程，在某种程度上降低了交易风险。在美国，科技保险领域的公司呈现出较为复杂的细分情况，在全球经济正朝着数字化、网络化以及智能化的方向发展的趋势下，许多独具特色的代表性企业纷纷加入，其中最具有显著特征的就是科技保险类企业。

例如，位于美国纽约的OscarHealth公司，是全球第一家基于全栈技术平台构建的科技保险企业，结合社会发展的关键节点采用全面综合管理的模式，真正做到了像一家家庭医生一样的公司，在人们最需要的时候提供科技保险服务。不仅在健康保险领域卓越显著，而且在科技保险领域颇具盛名，以便利方便的特点闻名全美，像众多科技保险企业一样，OscarHealth公司也经历了发展科技进而融资的方式在科技保险领域站稳脚跟，成为全美受欢迎的保险公司之一，这对其他企业也具有借鉴意义。再如Lemonade公司，和OscarHealth公司一样，同样具有人性化的服务，同样倍受国家关注和欢迎，不同的是，Lemonade公司自2016年上市以来，自上到下、从简到深经历了全方位的改革，在某种程度上改变了科技保险领域的发展节奏，也为美国科技保险领域的发展奠定了基石。

究其根本，美国科技保险市场在区域划分方面做得好的具体原因是：与其他国家相比，美国在区域划分的细分领域里具有各自的代表性品牌，形成了稳定的市场竞争布局，且美国的科技保险企业又较早地进入市场，这也使美国在全球科技保险领域处于领先地位。

（二）加强科技保险监管，减少监管空白

在科技保险监管方面，美国也做出了相应的政策和措施。比如早在2017年，美国保监会根据当时的时代背景，创立了新科技特别小组，专门调查监管漏洞和旧政策条款的不足，施行严格的监管体制，对不法分子的违法行为进行打击，经过这一系列的改进和整治，以及美国各部门共同的治理和优秀的配合，实现了科技保险领域在监管方面的严谨性。此外，为了能够及时地获取真实的市场信息和发展动向，美国特别成立了技术工作部，与各部门协商合作，如美国财政部下属的联邦保险办公室，两者共同采取强制性的措施，为用户灌

输数据安全的重要性，使他们对个人权益的安全性提高警惕，这种合作也为监管空白弥补了漏洞。

二、英国

结合全球的科技保险发展水平来看，目前，英国的科技保险具有一定的规模，也蕴藏着巨大的潜力。英国科技保险发展的特点是与国情相符合，相关企业与当地的经济建设相辅相成，创立独特的英国科技保险经济发展体系。其中贡献的主力主要是伦敦、劳合社以及当地的保险行业龙头等，这种方式避免了相应的风险，起到促进作用的同时具有创新意识。目前，英国科技保险的投资主要集中在云计算、物联网和大数据三大方面。以下是英国科技保险的经验：

（一）对某一特定产品进行专项研究

近年来，市场上不断涌现各行各业的创新模式。这些先进新模式的构建基础在于拓宽自身的发展空间并增加难以替代的特性。为了实现这一目标，可以通过在某一特定领域进行专项研究，以提高在该领域或技术层面上的独特性。在英国地区，科技保险呈现出多样化发展的趋势。各企业致力于不同技术方向和管理模式的研发，使它们的产品风格和运营技术各具特色。相比其他国家的行业竞争，它们之间的竞争压力稍低。举例来说，英国的TheFloow公司作为全球最大的物联网数据和技术供应商，为全球企业提供技术支持和问题解决方案。Gryphon作为一家新兴的保险公司，凭借先进的科技金融手段充分利用人寿保险的作用，并遥遥领先。而InsureStreet公司则致力于用户普通的生活问题，解决用户的租房选房等衣食住行方面的问题，为此利用科技保险手段创立了新的平台。

（二）数字化的监管模式

科技保险在市场发展中不仅起到促进作用，同时也面临着风险和危机。针对这些风险和危机，英国采取了先进的纠正措施，为其他地区的纠错方式奠定了良好基础。比如对于反欺诈行为，伦敦总部的新型技术企业——Enerledger，对于珠宝保险方面的科技保险运用到了极致。它采用了区块链技术为不同地区的客户建立相应的珠宝形象档案，定制了专属的信息化管理，这样就初步预防了珠宝诈骗，达到了反欺诈的目的。即便遇到了丢失或诈骗的情况，Enerledger公司也可以通过大数据监控珠宝的行踪进行寻找，并得到索赔补偿；或通过对欺诈行为车内导航仪的视频声音监测获得相关信息，并提供给保险公司，达到纠错的目的。

三、新加坡

科技保险的崛起及大数据为整个行业带来了全新的可能。目前在东盟国家内部，新加坡无疑是科技保险的领军者，作为该地区最大的科技保险初创企业集中地之一，在新加坡金融科技协会的科技保险目录中注册的公司超过80家。此外，新加坡以其投资友好的法律和监管环境而闻名，这对于为保险公司提供稳定、透明和可靠的保险服务至关重要。新加坡的商业环境鼓励创新和竞争，为保险公司提供了广阔的发展机会。以下是新加坡对科技保险的相关经验：

（一）大数据创新和个性化服务

新加坡与该地区许多其他国家的不同之处在于，三分之二的人口已经投保，这意味着虽然该地区的其他司法管辖区可能正在使用科技保险来吸引新客户，但新加坡的科技保险行业主要专注于改进和简化现有的服务、产品。例如，一些保险公司正在交叉引用呼叫中心记录与聊天机器人数据，以提升对客户情绪和代理的洞察服务质量。

（二）良好的商业环境

新加坡拥有良好的商业环境，包括监管环境、稳定高效的基础设施以支持创业、获得金融中介和服务以及合同执行等，这些优势使新加坡拥有一个理想的保险业务环境，为保险公司提供了良好的运营环境和商业支持。在经济学人智库（EIU）的2022年商业环境报告中，新加坡的商业环境排名全球第一。此外，金融监管机构——新加坡金融管理局（MAS）致力于维护市场秩序，保护消费者权益，促进行业的健康发展。这种监管环境为保险公司提供了稳定和可靠的运营平台，也促进了保险业的稳定性和合规性。

而根据世界知识产权组织2022年全球创新指数，新加坡排名亚洲第二，进一步凸显了新加坡在创新能力和知识产权保护方面的重要性，这也为新加坡保险公司提供了创新的环境，并确保他们的知识产权得到适当的保护，从而鼓励他们开发和提供新颖的保险产品和解决方案。

第6节
场外交易市场

一、美国

美国的证券交易市场是由多交易市场和多交易中心共同构成，而且各交易中心和交易市场之间相互关联，构成一个多层次、错综复杂的证券交易体系，共有5个层次。

（一）主板市场

主板市场主要是指纽约证券交易所（NYSE）和纳斯达克全国市场（MASDAQ-NM），是对全国的大企业进行股权融资。纽约证券交易所，简称纽交所，是世界上规模最大、实力最强，同时也是最著名的证券交易所，这个交易所的主要功能是：筹资、流通和监管。纽交所的上市标准主要看公司的规模和盈利状况：营业额在2亿美元以上，在实力、盈利能力和规模等各方面都较为优秀的公司。纳斯达克全国市场是世界第二大证券交易所，仅次于纽交所，是世界最大的场外交易市场。

（二）二板市场

二板市场是在主板市场之外，主要面向中小企业和新兴公司提供股权融资服务的全国性市场，由美国证券交易所（AM-EX）和纳斯达克小型股市场（NASDAQ-SCM）构成，对上市条件要求相对较低。美国证券交易所位于纽约华尔街，同时可以进行股票、期权和衍生产品的交易，同时还服务于中小市值公司。纳斯达克小型股市场,上市条件是要求企业有形资产大于400万美元,或市场在5000万美元以上。

(三)第三层次市场

第三层次市场是在证券交易所场外买卖市场,主要交易地方性企业证券、区域性证券。美国第三层次市场主要有5个区域性证券交易所:波士顿证券交易所(Boston Stock Exchange,BSE)、芝加哥证券交易所(Chicago Stock Exchange,CHX)、太平洋证券交易所(Pacific Stock Exchange,PSE)、费城证券交易所(Philadelphia Stock Exchange,PHSE)以及辛辛那提证券交易所(Cincinnati Stock Exchange,CSE)。区域性证券交易所是给规模较小的地域性企业一个融资上市的平台,并且拥有与纽约证券交易所上市股票进行交易的权利。

(四)场外交易市场

场外交易市场(Over-the-Counter Market,OTC),又称为柜台交易市场,是在证券交易所之外进行证券买卖的市场。在保证符合法律规定的前提下,不受既有的市场制度约束。例如,一只股票要在场内交易所进行交易,必须先挂牌,再进行交易,即要先遵照市场挂牌规则,审核通过后,才可以挂牌,在场内交易所中,只有挂牌的股票才能在此交易。但在场外交易市场,股票不需要进行挂牌审核,只要发行人合法,股票合法,就可以进行交易。

OTC交易分散无形,没有固定的交易场所;交易证券品种丰富,没有产品的限制;监管松散,没有严格可控的规则制度;交易主要是以交易双方的信用为基础,完全由交易双方自行承担信用风险,需要双边授信之后才能进行交易。

场外交易市场分为场外柜台交易系统(Over the Counter Bulletin Board,OTCBB)和传统的粉单市场(Pink Sheet),传统的粉单市场升级为OTC后,下设了最佳市场(OTCQX)、风险市场(OTCQB)以及开放市场(OTC PINK)三大板块。

在上述各版块进行挂牌上市的条件如下：

（1）场外柜台交易（OTCBB）：在OTCBB上市的公司一般是规模较小、风险却较高、有较大的增长潜力的公司。无固定的上市条件，任何股份公司的股票均可报价，上市要求较低，只需要按要求提交财务报告和公司信息；财务报表和申报文件必须经会计师、律师审定签名，所有在OTCBB报价的公司必须通过至少一家做市商的保荐，否则将会被OTCBB除名。

（2）最佳市场（OTCQX）：

①在合格的外汇交易市场上市或者成为美国证券交易委员会报告公司；

②在美国境外注册且不是空壳公司或空白检查公司；

③不受任何破产或重组的限制；

④有场外交易市场上的做市商做出定价报价，并且不是一分钱交易；

⑤提交QTCQX保荐人的介绍信。

（3）风险市场（OTCQB）：

①美国公司必须由PCAOB审计员审计年度财务报告；

②满足0.01美元的最低出价价格测试；

③不要破产；

④国际公司必须在合格外汇（或美国证券交易委员会报告）上市；

⑤提交经批准的OTCQB保荐人的介绍信。

（4）粉单市场（OTC PINK）：

OTC PINK是美国唯一不要求报价证券提交财务报告的交易市场，不受SEC注册要求的管制，交易规则非常少，但美国金融业监督局对做市商的监管比较严格，要求粉单市场的所有挂牌公司在有以下行为发生时，至少应在登记日前10天向金融监管局通报：公司名称变化、分红、拆股、缩股、并购、解散、破产、清算。

但随着市场的发展和进步，很多场外交易市场也逐渐设立了一系列的交易规则，例如，纳斯达克全国市场最初是典型的场外交易市场，也是世界上最大的场外交易市场，但交易市场的乱象横生，使纳斯达克不得不设立一些场内交易规则。

二、日本

日本的场外交易市场又称为店头交易市场,为各种中小企业提供融资服务,由证券业协会制定规则,采取以自律监管为主、内阁问题大臣监管为辅的监管模式。

1949年,日本最早场外交易市场开始出现,日本证券业协会1963年制定了在场外交易市场上交易证券的注册标准,标志着场外交易注册制度形成。1971年,《证券交易法》规定,场外交易市场交易的企业应该及时披露有价证券报告书和企业信息。1976年,日本店头交易公司成立,场外交易市场逐渐趋向于集中化,一系列的法律法规也在逐渐地完善。1983年,日本为了帮助一些达不到证券交易所上市条件的中小企业解决资金融难问题,证券业协会制定了新的制度。允许公司股份回购;可以通过公募的形式进行增资;引入注册发行的证券商制度;强调投资者自负其责;并且放松了有关吸引投资的规定等。1991年11月,日本设立了"股票店头交易市场自动化系统",(Japan Association of Securities Dealers Association Qutation, JASDAQ),并于1998年12月,历经多年改革的点头交易市场正式改名为JASDAQ市场。1995年,JASDAQ市场引入了做市商制度,由证券交易商发布买卖双方报价,提高了场外交易市场的流动性,促进了证券流通。2004年,日本批准JASDAQ市场成为证券交易所,由场外交易市场转变成以中小企业为服务对象的证券交易所。

三、德国

德国的场外交易市场自诞生以来,一直附属于德意志交易所(简称"德交所")的体系,随着德交所的兴衰,它经历了从发展到衰落又到复兴的历程。

(一)德国场外交易所的演变

1997年,德国交易所股份公司设立了二板市场,标志着新市场开始启动,给投资者和新经济类企业提供了新机会。随着二板市场发展，很多新经济类企业在该市场上市，逐渐成为德国证券业的支柱之一，成为德国"经济、政治、金融机构和投资者共同的场所"。

2003年，德交所对德国的证券市场进行了前所未有的制度改革。改革之后，欧洲有两个进入资本市场的入口，即欧盟监管市场（EU-regulated Markets）与证券交易所自身管理市场（Regulated Unofficial Markets）。在法兰克福证券交易所（FWB）中，如果想在有管理的市场（欧盟管理市场）上市，有两种方式：（1）通过"一般标准"上市；（2）通过法兰克福证券交易所自身的"初级标准"上市。相反，如果想在公开市场（有管理的非官方市场）上市，也有两种方式：（1）首次报价公告牌（First Quotation Board）；（2）入门标准（Entry Standard）。

（二）德国场外交易市场的上市条件及交易规则

德国证券交易所具有欧洲最具透明度的市场标准与最快捷的上市审批和准入制度。德交所场外交易市场（也称准入市场）与其初级市场、一般市场和高级市场相比，它不规定企业成立的最短年限；没有最小股本发行量；不规定公众持股量。与伦敦交易所相比，德交所有着较高的交易量和周转率，而且交易费用较低。良好的流动性和较低的交易成本，确保了较低的资本成本。在德国场外交易市场上市的企业所需缴纳的年费相较于初级市场、一般市场和高级市场是较为低廉的。

在1997年，德交所完全电子化交易平台（Xetra）正式开始运营。德交所以Xetra为交易平台，在该平台开盘、收盘采用集合竞价，盘中逐笔交易，这种交易方式有着高度的流动性并且指定保证人体系也确保了交易者有极具竞争力的交易成本和上市费用。指定保证人制度是指如果某上市股票的交易量太低，可由证券交易所指定至少一个做市商帮助其增加流动性，保证该只股票不会被摘牌，这种制度在世界排名前列的交易所得到了认可。

德交所的全电子化交易平台是世界上最先进的有价证券交易系统之一。这给证券交易提供了一个高效、快速且有序的交易系统。通过Xetra系统，交易员可以交易多种德国乃至国际的有价证券，来自全球各地的交易买卖指令云集到Xetra交易报价簿，并且会被立即匹配成交。股票和其他证券可以通过Xetra平台进行交易的时间段为：每日9：00—17：30。在这个电子交易平台，可以进行连续的交易和竞价，只要相应的指令出现，一条指令就会被立即执行。

参考文献

[1] 柳卸林. 试论国家推动技术创新的方式[J]. 中国科技论坛, 1997(6): 49-51.

[2] 池仁勇, 虞晓芬, 李正卫. 我国东西部地区技术创新效率差异及其原因分析[J]. 中国软科学, 2004(8): 128-131+127.

[3] 池仁勇, 唐根年. 基于投入与绩效评价的区域技术创新效率研究[J]. 科研管理, 2004, 25(4): 23-27.

[4] 虞晓芬, 李正卫, 池仁勇, 等. 我国区域技术创新效率: 现状与原因[J]. 科学学研究, 2005, 23(2): 258-264.

[5] 罗彦如, 冉茂盛, 黄凌云. 中国区域技术创新效率实证研究——三阶段DEA模型的应用[J]. 科技进步与对策, 2010, 27(14): 20-24.

[6] 史修松, 赵曙东, 吴福象. 中国区域创新效率及其空间差异研究[J]. 数量经济技术经济研究, 2009, 26(3): 45-55.

[7] 赵昌文, 陈春发, 唐英凯. 科技金融[M]. 北京: 科学出版社, 2009.

[8] 洪银兴. 科技金融及其培育[J]. 经济学家, 2011(6): 22-27.

[9] 王宏起, 徐玉莲. 科技创新与科技金融协同度模型及其应用研究[J]. 中国软科学, 2012(6): 129-138.

[10] 郭淡泊, 雷家骕, 张俊芳, 等. 国家创新体系效率及影响因素研究——基于DEA-Tobit两步法的分析[J]. 清华大学学报(哲学社会科学版), 2012, 27(2): 142-150+160.

[11] 樊华, 周德群. 中国省域科技创新效率演化及其影响因素研究[J]. 科研管理, 2012, 33(1): 10-18+26.

[12] 芦锋, 韩尚容. 我国科技金融对科技创新的影响研究——基于面板模型的分析[J]. 中国软科学, 2015(6): 139-147.

[13] 房汉廷. 中国科技金融简史及政府责任[J]. 广东科技, 2015, 24(21): 18-22.

[14] 胡健. 官方定调京津冀协同发展: 先破要素壁垒. [N/OL]. 中国经济网, 2015-08-24[2023-12-03]. http://district.ce.cn/neware/rou/201508/24/t20150824.6302459.shtml.

[15] 李圣宏. 高新技术开发区技术创新效率测度及其空间扩散研究[D]. 南昌: 江西财经大学, 2016.

[16] 房汉廷. 创新视角下的科技金融本质[J]. 高科技与产业化, 2016(3): 40-45.

[17] 黄继忠, 黎明. 科技金融对创新效率影响的实证研究——基于中国高技术产业省级面

板数据[J]. 工业技术经济, 2017, 36(9): 17-23.

[18] 徐义国, 殷剑峰. 中国金融市场体系的未来取向[J]. 经济社会体制比较, 2018(1): 19-26.

[19] 刘玉成, 杨露鑫, 万兴. 京津冀协同发展的经济效应: 基于"反事实"的思维视角[J]. 技术经济, 2018, 37(4): 100-108.

[20] 李华军. 改革开放四十年: 科技金融的实践探索与理论发展[J]. 科技管理研究, 2019(11): 63-70.

[21] 杨芸, 姜耀. 科技金融对高新技术企业创新效率影响的实证研究[J]. 洛阳理工学院学报(社会科学版), 2019, 34(6): 7-12.

[22] 吴振宇, 张丽平, 朱鸿鸣, 等. 金融体制改革的新进展及新发展阶段的推进思路[J]. 重庆理工大学学报(社会科学), 2021, 35(6): 20-26.

[23] 吴唯佳, 于涛方, 赵亮, 等. 京津冀协同发展背景下首都都市圈一体化评估研究[J]. 城市规划学刊, 2021(3): 21-27.

[24] 李晓琳, 李星坛. 高水平推动京津冀协同创新体系建设[J]. 宏观经济管理, 2022(1): 60-67.

[25] 崔丹, 李国平. 中国三大城市群技术创新效率格局及类型研究[J]. 中国科学院院刊, 2022, 37(12): 1783-1795.

[26] 王月敏. 基于熵值法的智飞生物财务绩效评价研究[D]. 昆明: 云南师范大学, 2022.

[27] 邱红, 魏雅鑫, 王宇纯. 京津冀城市群创新效率及其影响因素的实证分析[J]. 经济纵横, 2022(11): 90-97.

[28] 郭景先, 鲁营. 科技金融有助于企业创新效率提升吗?——兼论企业数字化转型的调节效应[J]. 南方金融, 2022(9): 50-63.

[29] 安树伟, 董红燕. 京津冀协同发展战略实施效果中期评估[J]. 经济问题, 2022(4): 1-9.

[30] 文余源, 杨钰倩. 高质量发展背景下京津冀协同发展评估与空间格局重塑[J]. 经济与管理, 2022, 36(2): 8-18.

[31] 房汉廷. 中国科技金融发展未来之像[J]. 科技与金融, 2023(5): 3-7.

[32] 何德旭, 张雪兰. 从金融视角看中国式现代化道路[J]. 中国社会科学, 2023(5): 26-46.

[33] 李思成, 张立华. 河北省科技金融与经济高质量发展耦合关系研究[J]. 科技创业月刊, 2022, 35(5): 61-64.

[34] Farrell M J. The measurement of productive efficiency[J]. Journal of the Royal Statistical Society, 1957, 120(3): 253-290.

[35] Afriat S N. Efficiency estimation of production functions[J]. International Economic Review, 1972: 568-598.

[36] Aigner D, Lovell C, Schmidt P. Formulation and estimation of stochastic frontier production function models[J]. Journal of Econometrics, 1977, 6(1): 21-37.

[37] Charnes A, Cooper W, Rhode E. Measuring the efficiency of decision making units[J]. European Journal of Operational Research, 1978(2).

[38] Banker R D, Charnes A, Cooper W W. Some models for estimating technical and scale inefficiencies in data envelopment analysis[J]. Management Science, 1984(9): 1078-1092.

[39] Cooke P. Regional innovation systems: competitive regulation in the new europe[J]. Geoforum, 1992, 23(3): 365-382.

[40] Ray S C, Desli E. Productivity growth, technical progress, and efficiency change in industrialized countries: comment[J]. The American Economic Review, 1997, 87(5): 1033-1039.

[41] Nasierowski W, Arcelus F J. On the efficiency of national innovation systems[J]. Socio-economic Planning Sciences, 2003(37): 215-234.

[42] James B. Ang. Research, technological change and financial liberalization in South Korea[J]. Journal of Macroeconomics, 2010, 32(1): 457-468.

[43] Seoh D., Im T.. What drives national research and development performance? - Factors in competitive government financing of science and technology[J]. Public Administration Issues, 2020: 191-215.